나도 몰랐던 나를 아는 시간 여행

나도 몰랐던
나를 아는
시간 여행

★ 성찰 도구: 도형(△○□S), MBTI(엠비티아이), TAROT(타로), BIBLE(성경) ★

저자
마리아

✝ 믿음으로 떠나는 바보(아브람)의 여행 시작

"아브람에게 이르시되 너는 너의 본토 아버지의
집을 떠나 내가 네게 보여줄 땅으로 가라" (창 12:1)

| 프롤로그 |

어느 날, 문득 지난 다이어리를 펴 보았다.
낙서처럼 쓰여 있던 단어 '찌끄러기'

'찌끄러기'
나는 이 단어가 좋다.

'찌끄러기'='찌꺼기'의 지방 방언.

'찌꺼기'
- 강원도: 찌꺼지, 찌끄러기, 찌꺼리, 찌끄레기,
　　　　　깡지, 찌거리, 지치리기, 찌겡이, 끼께기
- 경기도: 찌끄랭이, 찌끄레기, 찌께기
- 경상도: 찌꺼리, 찌깽이, 찌기, 찌그레기, 치레기,
　　　　　찌거러기, 찌꺼레이, 찌끄리기
- 전라도: 찌끄레기, 찌꺼리

- 제주도: 주솅이, 주시, 찌겡이, 찌껭이
- 평안도: 찌끄레기, 끼께기, 찌께기
- 함경도: 찌끄레기, 끼께기
- 황해도: 찌꾸락지
- 경상남도: 찌꺼라지, 쯔그레기, 찌끼기, 찌꺼래기,
            찌껭이, 찌찌기, 찌끄뎅이, 찌거리, 찌계이

'찌꺼기'의 사투리가 이리 많을 줄이야?! 놀랍다.

'찌꺼기'는 버려지는 쓰레기인가…?!
= 액체가 다 빠진 뒤에 밖에 남은 이물질.
= 값어치가 있는 것을 골라낸 나머지.
= 마음에 깊이 새겨지거나, 해결되지 않고,
   남아 있는 생각이나 감정 등을 비유적으로 이르는 말.

① '원두커피 드립 후, 찌꺼기'

- 방치하면 → 곰팡이가 나서, 쓰레기일 뿐. 그러나,
- '냉장고나 신발장에 보관하면' → '천연 탈취제'
- '밭에 뿌려 주면' → 비료로 사용
- 지금도 계속 발견되고 있는 과정 중….

② '콩비지'

- 방치하면 → 쓰레기
- 고단백·고식이섬유, 칼슘, 철분, 마그네슘,
  비타민 B군, 미네랄, 혈관 건강, 뼈 건강,
  이소플라본(여성 갱년기 완화에 효과),
  근육 성장과 유지에 도움,
  동물성 단백질보다 소화가 잘 되어
  체내 흡수도 용이하다.
  고식이섬유로 장 건강을 지키는 데
  도움을 줄 수 있는데, 변비 예방, 장운동을
  촉진시켜 배변 활동을 원활하게 도와준다.
  (다이어트 효과)
- 아는 사람은 다 아는 사실.
- 콩비지를 먹기 위해 따로 준비하는
  사람은 거의 없을 것이다.
  두부나 두유를 만들기 위해
  콩을 갈아 콩물을 짜고 난 뒤
  남은 자연스러운 찌꺼기이기 때문이다.

10대 때 재미있게 보았던,
이현세 만화가의 『공포의 외인구단』
'알코올 중독자, 흑인 혼혈아, 돋보기안경을

쓴 키 작은 남자, 한 손이 없는 장애인,
라이벌에게 실력이 아닌
돈과 권력 때문에 물러설 수밖에
없었던 억울한 자'
하나 이상의 상처를 안고 살던,
인생의 '찌끄러기'와 같던
사람들이 다시 모였다.
이들에겐, '트라우마로 남아 버린 상처.'
그러나, 그들에겐 그 누구도 흉내 낼 수 없는
보석 같은 달란트가 있었다.

그 상처가 그들을 보석같이 빛나게 만들었다.
살다 보면, '찌끄러기'처럼 느껴질 때가 있다.
그 때가 기회임을 기억하라.

'내 안에 나도 몰랐던 보석이 있음을….'
남과 다른 것이 정상.
이 세상에 오직 하나뿐인 소중한 나니까!

남과 비교할 이유 없다.
비교당할 이유 또한 없다.

나의 소중한 삶을 포기할 것인가?!

아니다.
나만의 것,
내가 가지고 있는 보석을 아직 못 찾았을 뿐.

이 책을 통해,
독자분들께 조금이나마
'나'를 아는 시간이 되는 데,
시작점 '.' 하나 찍는 시간이 되었으면 하는 바람이 있다.

'누구에게 상담을 받거나, 점을 보러 가거나…'
'괜찮다.' 그러나, 언제까지…'

스스로 해결할 수 있는 능력이 여러분 안에 이미 있다.
그것을 찾는 도구가 필요할 뿐이다.

여러 가지 도구 중에 이 책은,

'도형(△○□S)', 'MBTI(엠비티아이)',
그리고 'TAROT(타로)', 'BIBLE(성경)'을 소개한다.

목차

프롤로그 5

I
도형(△○□S)을 통한 찌끄러기의 보석 같은 이야기 22

1. '△'의 찌끄러기 이야기, '음… 오늘의 계획은…?!' 26
2. '○'의 찌끄러기 이야기, '아?! 그럴 수도 있지…!!' 31
3. '□'의 찌끄러기 이야기, '휴~ 힘들다' 37
4. 'S'의 찌끄러기 이야기, '아니야! 만약에~?!' 42

'MBTI(엠비티아이) / TAROT(타로) 궁정 카드 (인물 카드)' 찌끄러기의 보석 같은 이야기   46

1. MBTI(엠비티아이)는…?!   46
2. MBTI(엠비티아이) 테스트 시…   49
3. MBTI(엠비티아이)+TAROT(타로) 궁정 카드(16장)를 통한 EQ(성격) 유형 발견   56

TAROT(타로) 이야기   99

1. 'TAROT(타로)'의 구성   99
   *메이저 아르카나 '0-9'(성경 인물에 대한 핵심 키워드)   100
2. 'BIBLE(성경)'을 통한 'TAROT(타로)' 메이저 아르카나 (22장. '0-21') 이야기   104
3. 'TAROT(타로)' 마이너 아르카나(56장)   185
   (1) 수비학(1-10)을 통한 슈트 카드(40장) 이야기   185
   (2) 슈트 카드(40장)를 통한 수비학(1-10) 이야기 만들기   193

★★★★

'찌끄러기' 같은 인생이라 말하지 마라.
이 세상에 오직 하나뿐인 소중한 '나'이기에

꼭 기억하라. '도구'일 뿐이다.

음식 할 때, 수술할 때 '칼'이 필요하듯,
살면서 '돈'이 필요하듯,
그러나, 이것을 누가, 어떻게 쓰느냐의 차이.

심리상담을 하게 된 가장 큰 동기는,
'청년들의 자살'이 증가하고 있다는 것이었다.
교회를 다니는 청년들은, 교회에 가면,
목사, 전도사, 신앙 선배들이나, 집사 등
영적 리더들과 함께 서로 기도하며, 이야기도 하고,
혼자라도 가서, 기도하거나,
상담도 하며, 생활에 어려운 문제들을
해결하는 경우가 많다.
그러나, 그렇지 않은 청년들은,
마음을 이야기할 친구도 없고,
부모님에게 이야기하면 안 될 것 같고,

이혼한 가정의 청년들은,
상담할 사람도, 해결할 방법도 모르는 경우가 많다.
고민 끝에,
자살, 고독사, 우울증, 점술 등에 빠지는 경우가 있다.

점술의 대표적인 도구가 바로 TAROT(타로)이다.

TAROT(타로)에 매력이 무엇일까에
대한 궁금증이 생겼다.
요즘은 심리상담 도구로 많이 사용하고 있다.
TAROT(타로)가 점술로 알려져 있었는데,
심리상담 도구로 사용하며,
점점 널리 알려진다는 것은,
그 속에 담겨 있는
무언가가 영향력을 주기 때문일 것이다.

장난감도 자꾸 가지고 놀면 흥미를 잃어버리는 것이
자연스러운 것이다.
새로운 장난감이 나오면,
아이는 새 장난감을 사 달라고 한다.
그러나, 좋으면, 그 누구도 건드리지 못하게 한다.
'애장품!'
TAROT(타로)를 아는 이들에겐,

'애장품' 그 이상의 의미가 있기에,
영향력이 넓어지는 것이 아닌가 싶다.

이 책은, 어린아이부터 장년들까지
모두 보기 쉽고,
재밌게 놀이하듯 함께 보아도 좋고,
혼자 조용히 보는 것도 좋다.

TAROT(타로)는 도구이다.
이것을 누가 해석하느냐의 차이는, 하늘과 땅 차이.
사람을 살리고, 죽이는 차이다.
내 앞에 '복과 저주, 생명과 사망'이 있다.
어느 것을 선택할 것인가?!
선택은 언제나 나의 몫.

내 안의
'나도 몰랐던
나를 아는 시간 여행'
출발!!!

★★★★

처음 만난 사람과
첫마디를 무엇으로 말해야 좋을까?
많이 생각한다. 그래서, 난 '도형'이 좋다.

"안녕하세요, 저는 ○○입니다.
나를 아는 시간, 1분도 안 걸리는데,
한번 해 보시겠어요?!"
하면, 사람들은 흥미로워하며 반응한다.

상담을 할 때, 적어도,
외향적 사람인지, 내향적 사람인지,
외성적 사람인지, 내성적 사람인지만, 알아도
상담하기에 많은 도움이 된다.
외성적인 것처럼 보였는데,
아닌 이들도 있다.

① 담즙질('△')인 유형은,
　　외향형임에도 불구하고,
　　계획을 많이 세우다 보니,
　　혼자 생각할 시간이 필요하기에

내향적인 성향도 있기에,

MBTI(엠비티아이)에서는 'I'로 나올 때가 있다.

② **점액질('□')인 유형은,**

내향인임에도 불구하고,

공동체(가정, 직장, 모임…)를 중요시 여기기에,

공동체에 리더가 될 확률이 많다.

(성실함과 책임감이 강하기 때문)

그러나, 리더보다는

총무나 사무장 정도를 더 편하게 생각한다.

투표하면, 회장이 될 확률이 많다.

본인은 힘들어하지만,

공동체를 위해, 혼자서만 스트레스를

많이 받을 뿐, 티는 내지 않기에,

가까운 사람 아니면, 내향적인 성품인 줄 잘 모른다.

언제나 밝고, 열정적으로 이끌기 때문이다.

조용히 혼자 있는 시간을 좋아하지만,

사람이 모인 곳에선, 열정적으로 외성적으로

행동하기 때문에, 속을 잘 모르는 사람이라고

알면 알수록 어려워할 수도 있다.

MBTI(엠비티아이)에서는 'E'로 나올 때가 있다.

여기에 TAROT(타로)가 함께하니,

타고난 성품에, 지금 주어진 환경 속에,
어떻게 하루하루를 지혜롭게 생활할 것인가가
채워짐에… 상담할수록, 행복감을 느낀다.

지금은 무슨 말인지 알지 못해도 괜찮다.^^

처음엔 전체적으로 한 번 훑어보는 느낌으로 본 후,
2번째부턴 책을 처음부터 천천히 정독하기를 권한다.
차근차근 그대로 따라 해 보면,
나도 모르는 사이에
심리상담을 하고 있는
내 모습을 볼 수 있을 것이다.
옆에 있는 누군가와 함께 해 보면, 실감할 것이다.

각 '도구'마다, 그 '도구'만의 특징이 있다.
도형(△○□S), MBTI(엠비티아이), TAROT(타로).

'나도 알지 못했던 나를 찾아 떠나는 시간 여행'의
첫 시작을 알린다.

도형(△○□S)은,
'나의 타고난 기질'을 말해 준다.

엄마 태에서부터 타고난 기질은
변하지 않는다는 것이다.
(나의 생년월일이 변함이 없듯)
지금의 내가 아닌,
나의 타고난 나의 기질이,
지금 무엇 때문에
영향을 받고 있는지도 알 수 있다.
내가 지금 갈등하고 있는 부분도 알 수 있다.
나의 생각이나, 지금 하고 있는 일에 대한
상황과 건강 문제 등 30초도 안 되는
시간으로 알 수 있는 것이
'도형'이다.
TAROT(타로)의 메이저(0-21) 아르카나의
평생 기질과 거의 같다.

'도형 상담'을 20년 정도, 1천 명 이상 했다.
많은 이야기가 있다.

'MBTI(엠비티아이)'의 장점은…
유형이 변할 수도 변하지 않을 수도 있다.
둘 중 하나를 선택하는 부분에서,
지금의 내 마음이나 상황에 따라,
바뀔 수도 있고, 바뀌지 않을 수도 있는 것이다.

'MBTI(엠비티아이)'는 나 혼자가 아닌,
둘 이상의 사람의 관계 속에서,
어떻게 대처하는가 하는
'사회성'과 관계가 있다.
나의 '성격'과 '성품'은 내가 할 몫.

사례

사업하시는 40대 여성.
'도형 상담'을 한 적이 있다.
도형 그림을 그린 후…
물질, 사업, 건강 등 좋은 상태였다.
그런데, 왜 '□' 도형을 그렇게
그렸을까를 생각하며, 'MBTI(엠비티아이)'를 물어보았다.
그랬더니, 그 답을 알 수 있었다.
도형의 물음표(?)를 MBTI(엠비티아이)를 통해 답을 찾았고,
그것에 TAROT(타로)를 통해 지혜로움이 합해졌다.

상담 내담자인 여성분이 나중에 말해 주었다.
"그 누구도 알 수 없고,
말할 수 없는 부분이었는데,
알아주셔서 감사하다고."
그 말을 들으니,

더할 나위 없이 보람된 시간이었다.

그래서, 상담을 한다.

해결할 수 있는 것은 결국 본인이다.

상담사는 그저 조언자일 뿐이다.

그렇기에,

'나도 몰랐던 나를 찾아 떠나는 시간 여행'은 중요하다.

스스로를 점검하며,

'나'에게 응원해 줄 사람은 남이 아닌

'나'이기에….

도형(△○□S)을 통한 찌끄러기의 보석 같은 이야기

1) 도형 심리상담이란?

'△○□S' 네 가지 도형을 통한 '자아 발견'

2) 질문지

① 4가지 도형 중 제일 좋아하는 도형 하나를 선택하여, 3번 그리고 싶은 곳에 그린다.

② 나머지 도형은 각각 한 번씩만, 그리고 싶은 곳에 그린다.

예시 1)

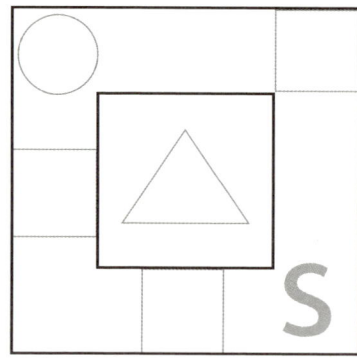

예시 2)

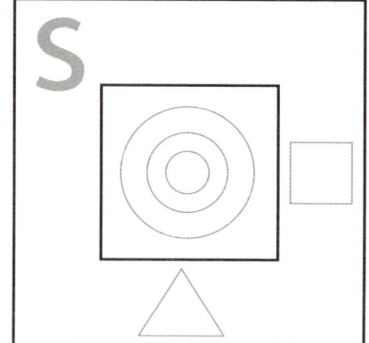

3) 3번 그린 도형이 무엇일까요?!

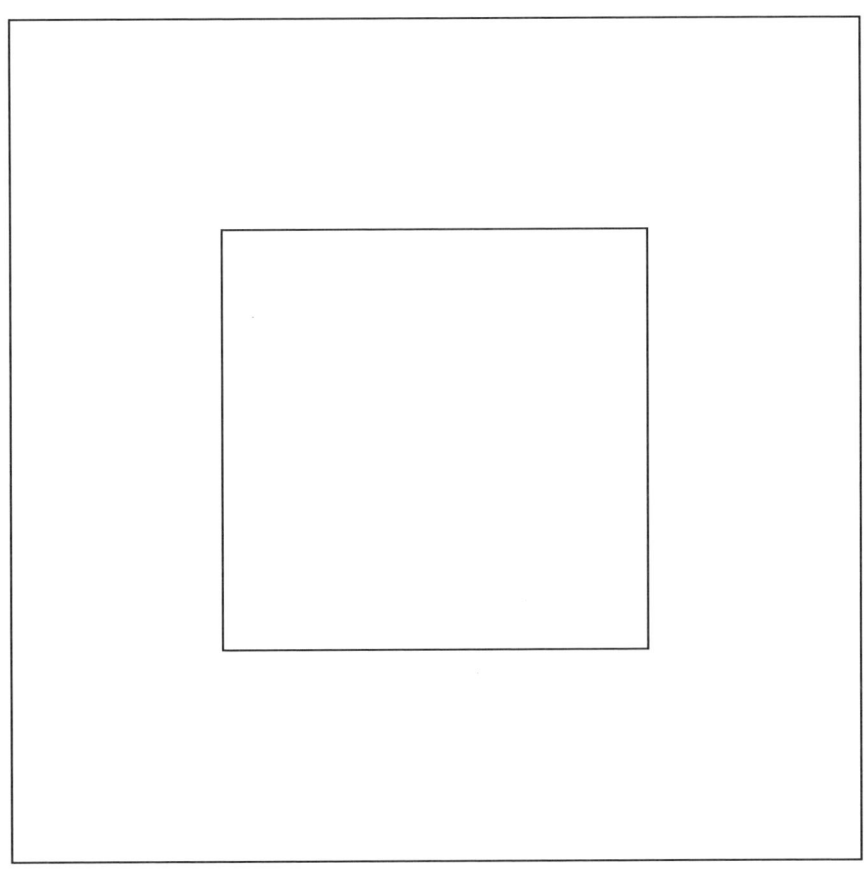

👍 **3번 그린 도형이 '△'였다면…**

'△'는…

기질 이해		Good point	Bad point
담즙질 주도형 빠름 외향적 일 중심	미래 입 기획 산 목표 꿈 능력 에너지 바울	타고난 리더 지도자형 의지가 강함 자립심 강함 진취적, 긍정적 과감, 단호, 결단력 미루지 않음 목적이 분명 목표를 가지고 행동함 설득력 있음 일에 대한 성취 욕구 강함 자신의 입장 분명히 밝힘 믿음이 굳음 자신감 충만 낙천적임 현실적 생산적임	사람보단 일 중심 사무적 냉정함 지나친 경쟁심 일중독 가능 일을 위한 인간관계 지시적 재미없음 감정적 배려 없음 감정이 무딘 편 지나치게 이성적 신경질 잘 냄 냉소적임 남을 앞지름 거만함 자만심
에너지		⇨ 새로운 일을 계획하고, ⇦ 목적을 이루는 일에 사용, 　 수립하면서 에너지를 얻음	
'△'를 대할 때		* 가지고 있는 목표에 관심을 표하라 * 능력을 인정해 주어라 * 스스로 '아니다' 싶으면 포기하니 기다려 주어라	

'△'를 대할 때	* 친구들과 노는 시간을 만들어 주어라 * 양보하는 습관 * 친구 생일 기억하기, 친구 장점 칭찬하기 * 다른 사람의 말 들어 주기
	* 계획을 1/3로 줄여라 * 일 성과 칭찬 * 경영계/사업가 * 계획 능력 GOOD

'△'는 어렸을 때부터 계획 짜는 것을 좋아한다.
하고 싶은 것도 많고, 못 하게 하면 가끔은 몰래 아니면,
떼를 써서라도, 계획한 것은 해야 신나 한다.
남들보다 한발 앞선 계획과 생각을 하기에, 다른 이들을
무시할 수 있는 경향이 좀 있다.

1. '△'의 찌끄러기 이야기, '음… 오늘의 계획은…?!'

안녕, 나는 '△'야!!

나는…
계획을 세우고, 또 세우고…
그래야, 내가 살아 있는 것 같아.
나는 뭔가 내 생각이 멈춰 있는 것 같으면,
"너 지금 뭐 하고 있니?!"
(새로운 계획을 안 해 본 적은 없지만….^^)
사람은 생각하는 동물이라 하지 않았던가.
당연히 생각하는 거지, 뭐.
생각 없이 말하거나 행동하는 건 딱 질색.
너는 아니당. 담에 또 만나면, "안녕하세요."
인사만 하구 눈도 안 마주쳐야지.
아니면,
바로 뒤돌아 가야겠다.
아니면,
선글라스나 모자를 푹 뒤집어쓰고 다녀야겠다.
늘 그랬지만….^^
그래서, 나는 자전거를 탄다.

'쑹~' 하고 지나가면 끝. 아, 행복해!!^^

음… 나는 사람에겐 별 관심이 없어.

그 시간에 계획 세워야 해. 나의 미래를 위해!!

나의 미래에 도움이 되는 사람이라면,

얼마든지 만나야겠지만….

→ 일 잘하고 욕먹을 확률이 있으니,
  가끔은 주변도 돌아보는 여유로움이 필요.

아침에 일어나면…

폰을 연다.

오늘 할 일을 정리, 계획.

'오늘 하루도 활기차게 시작하겠군.'

직장에서…

회의할 때, 나는 리더.

"'계획서' 발표해 보시죠.

음… 안 될 계획서 말구

문제를 해결할 계획서를 발표해야 하지 않을까요?

그 문제는 다 알고 있는데,

문제만 제시하는 건 다 할 수 있습니다.

답을 주세요. 여러 가지 대안을 계획해서

다시 내일 합니다."

- 문제는 많다. 그러나, 답을 말하는 이들은 그리 많지 않다.
- 문제엔 반드시 답이 있다. 우리가 찾지 못할 뿐….

저녁에 잠들기 전…

폰을 연다.
오늘 계획대로 잘 진행됐나?!
'^^. 안 되면 어때, 계획대로 안 될 수도 있지.'
'음~~~ 잘 된 것도 있군. 좋아, 잘했어.'
'내일 스케줄 계획해 볼까나… 잠자기 전 행복한 시간이당.'

👍 3번 그린 도형이 'O'였다면…

'O'는…

기질 이해		Good point	Bad point
다혈질 사교형 신속 외향적 관계 중심	현재 가슴 다정 산소 돈 환경 사랑	활동적, 대인 관계 좋음 마음이 따뜻하고 정이 많아 타인 배려 동기부여 잘 함 관심을 받고 싶어 함 낙천적(염려 거의 하지 않음) 상한 감정 오래가지 않음 표현 능력과 모방성 뛰어남 친밀함, 열정적, 수용적 칭찬과 인정 욕구 강함	의지 약함, 작심삼일 감정에 잘 치우침 일관성 부족 상황이 바뀌면 당황해함 약속 시간에 늦는 편 마음 약함, 쉽게 동요 혼자 하는 일 자신 없어 함 행동 먼저, 생각 나중 미래에 대한 계획 부족 현재가 제일 중요
에너지		⇨ 사람들과의 만남 속에서 얻음 ⇦ 사람들을 섬기는 데 사용함	
'O'를 대할 때		* 배려에 감사하고 공감하라 * 인정, 칭찬, 격려하라 * 함께해 주어라	
		* 함께 계획을 세워라 * 마무리하는 습관을 들여라 * 일의 우선순위를 정하라 * 말하기 전에 생각해 보고, 생각하고 행동하기 * 용돈 사용 → 기록하는 습관 꾸준히 하기	
		* 많은 관심을 제한하라 * 칭찬을 많이 해 주어라 * 예능계/언어 계열/상담가 * 진행 능력 GOOD	

'O'는 계획 세우는 것을 힘들어한다.

깊이 생각하는 것도 힘들어하고, 친구들에게는 인기 짱.

집에서든, 학원에서든, 어디서든, 늘 함께해야 좋아한다.

친구들과 있다 보면, 과자나 음료수, 기타 맛난 것도 먹고 싶은데,

그럴 때마다, "내가 사 줄게."라며,

모아 놓은 용돈을 다 쓰는 경우가 종종 있다.

요즘 같은 혼밥, 혼술… 시대를 살아가고 있는 시대에,

보석 같은 자녀이니, 일단 칭찬해 주고, 인내하며 계획대로

할 수 있도록 격려, 칭찬해 주기를. 정이 많아 그렇다.

2. 'O'의 찌끄러기 이야기, '아?! 그럴 수도 있지…!!'

안녕, 나는 'O'야^^!!

나는 우리 가족이 넘 소중해.
내가 아는 모든 사람두 소중하구 사랑하지.
나에게 도움이 필요한 사람들이 부탁을 하면,
내 일보다 그들의 부탁을 먼저 해 주어야
마음이 편하지.
오죽하면, 나에게 이렇게 부탁을 했겠어.
내가 더 감사하지. 오늘두 넘 행복하다.

아, 근데 내가 오늘 중요한 무언가를 하려고 했는데,
뭐였더라?
'^^ 뭐, 좀 있으면 생각나겠지… 괜찮아!!'

아침에 일어나면…

딸은 잘 자고 있는지…
아들은 늦게 들어왔던데 피곤하진 않을지…
남편은 강아지 산책 나갔나?! 안 보이네…
아침 식사 준비해야겠다.

친구와의 약속!!

어제 오랜만에 연희 친구와
만나기로 했지.
12시니까 부지런히 준비해야겠네.
가족들 신경 쓰느라
또 약속 시간 늦으면 안 되는데….

11시쯤 다른 친구 희연에게 전화가 왔다.
친구의 목소리가 예사롭지 않다.
애인과 헤어졌다고….
희연 친구는 울먹이며 말을 한다.

"친구야! 만날까? 내가 위로해 줄게.
이럴 땐, 맛난 거 먹는 것이 최고지!!
친구가 좋아하는 칼국수집으로 가자."

우울해하는 희연 친구와 식사 중….

전화가 온다. 아! 어제 만나기로 했던
연희와의 약속을 깜빡했다.
어쩌지, 전화는 받아야지!

"어! 연희야, 미안해.

저번처럼 약속 시간 안 늦으려구
부지런히 준비 중이었는데,
희연이 알지?!
희연이가 남자 친구랑 헤어졌대.
그래서, 지금 희연이랑 식사 중이야,
미안해! 이리로 올래?
희연이 아니까 같이 위로해 주자!
응?! 부탁이야. 우린 친구잖아…."

연희 친구는 '△'
"됐다." 짧은 대답 후, 뚜뚜뚜….

친구가 나만 빼놓구?!!

나는 상처를 잘 받지 않는다.
사람은 실수할 수도… 그럴 수도 있으니….
그러나, 상처를 좀 받을 때가 있다.
물론 내가 문제겠지만… 그래도,
나만 빼놓고 여행을 가다니?!
한 번쯤은 갈 수 있는지 물어볼 수도 있었을 텐데….
왜 나만 빼놓고 갔을까? 곰곰이 생각해 본다.
전화를 해서 물어볼까?! 자신이 없다.
나중에 물어볼 수 있으면 물어봐야겠다.
기억나면….

며칠 후, 그 친구들을 만났다.
내가 분명히 이 친구들을 만나면,
뭔가를 물어보려고 했는데
기억이 잘 나지 않는다.^^
지금 친구들과 함께 있는 시간이 넘 좋다.
지금이 중요하지, 지난 일은 지난 일일 뿐.
이 시간이 중요해!!! 나는 '○'니까.^^

👍 3번 그린 도형이 '□'였다면…

'□'는…

기질 이해		Good point	Bad point
점액질 안정형 생각 많음 내향적 관계 중심	과거 손, 발 실천 물 공동체 직장 지식 일	잘 참음 공동체 내에서 조화를 이룸 재치 있음 문제를 일으키지 않음 전면에 나서지 않음 매사에 협조적 경청을 잘 함 거부하지 않음 실천하고 마무리함 의견 수용을 잘 함 조용함 꾸준함, 신뢰할 만함 정리정돈 잘 함 보수적 지식을 근거로 문제 대처함 배우고 가르치는 데 관심 많음 지나간 일을 잘 기억함 언행일치 침착함 일의 상황을 잘 분석함 반복된 것 좋아함 안정적인 삶 추구	소극적 우유부단 자기 보호적 날카롭게 지적 자기주장 안 함 속에 담아 둠 속으로 끙끙 스트레스 많음 마음속 자기주장이 강함 추진력 약함 순간적으로 둘러댐 기로에 섰을 때, 쉽게 결정하지 못함 자기 것에 대한 애착이 강함

에너지	⇨ 공동체 내에서 인정받는 일 ⇦ 꾸준히 실천하는 일에 사용
	* 꼭 필요한 존재임을 말하라 * 협조에 감사하라 * 휴식을 허락하라
'□'를 대할 때	* 말할 수 있는 기회 제공 * 생각이 어떤지 꼭 물어보아라 * 의견을 수렴하라 * 시간이 걸려도 재촉 금지 * 꾸준히 칭찬하라, 결정 사항을 존중하라 * 스트레스를 풀 기회를 제공하라
	* 외골수 * 잘못된 습관을 잘 못 고친다 　(습관 되기 전 고치도록) * 인문계/교육계/교사, 외교관 * 실천 능력, 책임감 GOOD

'□'의 성실함과 책임감은 최고.

성인이 되어서도, 집 → 직장 → 집.

특별한 공동체 스케줄이 아니면, 다른 곳에 갈 확률은 거의 없다.

직장에서의 야근은 기본. 일찍 출근, 늦게 퇴근. 솔선수범.

손과 발이 닳도록, 열심히 충성. 아무도 못 말린다.

공동체 분위기가 다운되는 것을 힘들어하기에,

외성적으로 활발하게 분위기 메이커가 될 때도 있다.

'□' 속으로는 생각이 깊어, 다 혼자 감당하려 할 뿐이다.

3. '□'의 찌끄러기 이야기, '휴~ 힘들다'

안녕, 나는 '□'야!!

나는 과거 이야기가 참 좋아.
가정과 직장 생활 등 공동체를 중요하게 생각하지.

8살 때, 친구 찬식이가 내 동생을 괴롭혀서
막 때려 준 적이 있었어!
키도 작고, 삐쩍 말랐는데, 얼마나 까부는지, 별명이
'까불이'였지.
매년 초등학교 동창회를 가는데,
그 친구가 한 번도 안 왔는데,
거의 40년 만에 온 거지.
과거의 '까불이'의 모습은 찾아볼 수가 없었어.
머리는 허옇고, 뚱뚱한 중년 남성이 되어 있는
찬식이의 모습이었거든.
그런데… 처음엔 어색했던 분위기는
어디론가 사라지고,
초등학교 때,
'까불이'의 모습으로 되돌아가 있더라고.
그래서, 난 초등학교 모임을 40년 동안 2번 빼고는
늘 참석하지. 과거의 나쁜 기억, 좋은 기억들은,

좋은 추억으로 남아 있으니….
현재도 미래도 과거의 내가 만든 것일 테니….
현재도 조금 후엔 바로 과거가 되는 거니까.

아침에 일어나면…

오늘 스케줄이 어떻게 되더라?

새벽 6시엔 테니스 모임!
아침 8시엔 부모님께 안부 전화를 드리구,
점심 약속이 있었네.
퇴근 후 직장 동료들과 저녁 약속이 있구나….
OK, 오늘 하루도 홧팅!

나와 관련된 모임과 공동체는
아무리 생각해 봐도 절대 무너지지 않아.
내가('□') 있으니까!!

친구와의 만남!!

오늘 하루도 새벽부터 퇴근 전까지
열심히 일한다고 했는데,
퇴근 후, 미련이 많다.
그래도, 퇴근했으니,

회사 일은 잠시 접고,
오랜만에 친구와의 약속.
"친구, 오랜만이다. 잘 지냈니?!
제수씨도 잘 계시구, 아이들은,
부모님들은 건강하시구?"
친구의 공동체도 중요시 여기는 '□'.

👍 3번 그린 도형이 'S'였다면…

'S'는…

기질 이해		Good point	Bad point
우울질 신중형 내향적 일 중심	과거· 현재· 미래 머리 사고 흙 창조성 예술성 건강 이성	남다른 재주 다재다능함 분석적(육하원칙) 상상력 뛰어남 완벽주의 철저하게 검증 심사숙고 이상주의 충성심 최선을 다함 정리정돈을 잘함 언제나 단정함 혼자서도 잘해요 전문 직종 많음	완벽을 요구함 돌다리도 두드림 자기중심적 부정적인 생각 결정하는 데 시간 걸림 약점 인정하기 힘들어함 마음을 상하게 하면, 잊지 않음 타인의 말을 잘 수용하지 않음 따지는 편 비현실적 비판적인 시각 완고함 쉽게 우울해짐
에너지		⇨ 자기만의 조용한 환경 속에서 얻음 ⇦ 완벽을 추구하는 데 사용	
'S'를 대할 때		* 충고하려고 들지 말라 * 이상을 공감하라 * 혼자 있는 시간을 방해하지 마라	

'S'를 대할 때	* 가진 것에 대한 소중함 * 기회가 많음을 알게 하라 * 긍정적인 사고와 행동 * 친구들과 어울리는 시간이 필요 * 현실적인 사고를 하라 * 사람은 누구라도 실수를 한다
	* 한 가지에만 집중 * 교육에 의해 가장 많이 변화 * 구체적으로 칭찬 * 예능, 이공, 인문 다 괜찮음/전문 직종 * 추진 능력 GOOD

'S'는 '만약에~'라는 단어를 자주 쓴다.

심부름을 시켰다. "우유 1L 좀 사 올래?!"

"엄마, 그런데, 만약에 1L 우유가 없으면?!"

"만약에 서울 우유가 없으면?!"이라고….

한 가지에만 집중한다는 것! 핸드폰을 만지고 있을 때,

옆에서 아무리 말을 해도 들리지 않는다고 한다. 이해가 되는가?!

남의 집 이야기가 아니다. 우리 집 이야기이다.

나만 빼고, 남편, 아들, 딸, 3명이 'S'. 병원 쪽 일을 하는 전문직.

4. 'S'의 찌끄러기 이야기, '아니야! 만약에~?!'

안녕, 나는 'S'야!!

나의 생각은 완벽하지!!!
'육하원칙'에 하나라도 맞지 않으면,
사지도, 하지도 않아.
당연한 거 아닌가?!

(누가, 언제, 어디서, 어떻게, 무엇을, 왜?!!)

스킨, 로션을 사야 하는데
다른 건 다 괜찮은데,
왜 그 연예인이 선전을 하지?
나는 그 연예인 싫은데,
다음에 다른 걸로 사야겠다.

다른 유형은 '과거형, 현재형, 미래형' 구분이,
선명한 반면, 'S' 유형은, 생각이 자유한 편이라,
본인이 생각하는 대로, 움직인다.
과거에 있었던 일을 곰곰이 생각하다가,
갑자기 미래에 대한 망상에 빠져 있기도 하고,
TV를 보다가, 갑자기 친구를 만나러 가는데,
TV가 켜져 있는지 꺼져 있는지도 모르고,

나가기도 하고, 통 감을 잡을 수 없는 유형이다.

보통 사람들이 다 생각하는 것을, 생각 못 할 수도 있고,
다른 사람은 상상도 못 하는데,
자연스럽게 생각하는 경우도 많아,
엄마는 그러려니 하신다.^^

연예인, 예술인, 창작 분야, 전문 직종의 사람들이
'S'가 많다.

아침에 일어나면…

폰을 본다.
무슨 생각을 하는 건지는 나만 알지용.^^
거실에서 엄마가, "일어났니?!"라고
큰 소리로 말한다.
그러나, 나는 듣지 못했다.
폰을 접고, 화장실에 간다.
"일어났구나?!" 엄마가 말을 건네는데,
나는 잠시 생각 중이라… 그 말도 못 들었다.
엄마는, 그러려니….
화장실에서 볼일을 본 후, 엄마는 나와 눈을 마주친 후에
다시 말씀하신다. "일어났구나!^^"
"엉, 일어났어요." 엄마는 3번 말씀을 하셨다는데,
나는 처음 듣는 말이다.

친구와의 만남…

친구들은 가끔씩
나를 감당 못 할 때가 있다고 한다.
조용히 말없이 있을 때는 말도 못 붙일 정도로
냉정해 보이는데,
갑자기 환하게 웃으며,
"우리 카페 갈까?" 하며,
리더로서도 완벽한 참 멋진 친구인데,
엉뚱한… 좋은 친구라고….^^ 나는 'S'니까.

👍 도형(△○□S)에 대해 어떻게 생각하시게 되었을까요?

'나도 몰랐던 나를 알아 가는 시간 속으로의 여행'

각 도형마다,
특징이 있는데,
나의 유형이 아니면, 그냥 읽고 지나가게 되는데,
나의 유형이면, 나도 모르게 미소를 지으며 웃고 있는
자신의 모습을 보게 되셨을 겁니다.

지금 제가 도형 (△○□S)에 대해
쓴 것은, 보편적인 상황의 상태일 때 그렇습니다.

위의 유형 특징은 변함이 없는데,
어느 위치에, 어떻게 그리느냐에 따라,
지금 문제가 무엇이고, 건강 문제, 이성 문제, 공동체 문제 등을
알 수 있습니다.

(궁금하신 분들은 메일로….)

'MBTI(엠비티아이) / TAROT(타로) 궁정 카드(인물 카드)' 찌끄러기의 보석 같은 이야기

1. MBTI(엠비티아이)는…?!

1) 나를 알아 가는 과정 속에서,
   나의 성격 특성을 알고,
   내가 선호하는 것을 이해함으로써,
   나도 남도 이해하고 인정하며, 받아들이기 위함.

2) "나는 이런 사람이야."라며 변명하거나,
   합리화를 위한 것이 아니라, 장점은 살리고,
   단점은 개발함으로써 성장, 성숙을 위한 것.

3) 비판하거나, 판가름이 아님.

4) 내 안에 있는
   어떠한 것이 표출되느냐의 차이일 뿐.

'M'은 50년 동안 'ENTP'로 살았다.
그렇게 지내 오면서,
늘 마음속엔 하나의 의문점이 있었다.
왜 에너지가 다운되는 걸까?!
사람을 만나면 좋긴 하지만,
내 공간과 시간을 건드리면, 힘들었다.
그런데, 다행한 것은,
3남 1녀였기에… 자라면서,
오빠들과 같은 방을 사용할 수가 없으니,

작은 공간이라도
나만의 공간을 가질 수 있었던 것과
가끔은 혼자 드라이브하는 것을 좋아했다.
속초든, 부산 해운대든,
밤에 출발, 새벽에 집 도착.
그냥 혼자 있는 시간들이 좋았던 기억이 있다.

정신없이 늘 바쁜 생활 속에 50년이라는
시간이 흘러,
아무것도 하지 않은 때가 2년 정도 있었다.
아니, 할 수 없었던 것이 맞다.
그 시간을 통해 다시 한번 스스로를 되돌아보는
시간이 생긴 것이다.

'MBTI(엠비티아이) 무료 테스트'를 하게 되었다.
그런데 이것이 웬일인가?!
'INFJ'가 나온 것이다. 몇 번을 했다.
할 때마다… 지금도… 'INFJ'.

'INFJ'를 위한 책이 있어,
그 책을 보게 되었다. 얼마나 울었던지….
정말 99.9%.
그 책을 20번은 더 읽어 보았다.
울고 웃고….

가족에게도, 지인들에게도 말해 주었다.
다들, 공감해 주었다. 기뻤다…. 또한 슬펐다.
50년이 지나 또 다른 나를 알게 되었다.

그래서, 나는 MBTI(엠비티아이)도 좋다.
'INFJ'는 세계적으로도 아주 드문 유형에 속한다.
'독특한 캐릭터'라 말한다.

'MBTI(엠비티아이)'에 대한 공부를 하면서 알게 된 사실은
'INFJ' 안에 'ENTP'
성향이 함께 공존한다는 것이다.
지킬 박사처럼, 완전 다른 또 다른 나.^^

갈등의 시간을 줄여 주고 싶다.

그래서, 책을 쓰게 되었고,

상담을 하게 되었다.

멋진 인생이 우리를 기다리고 있다.

'갈등'의 시작은…

또 다른 나를 알아가는 기회.

2. MBTI(엠비티아이) 테스트 시…

어느 것이 먼저인가를 선택해 보라.

1) 그때그때 달라요???!!!

① 친구와의 약속이 있을 때,
　사람이 많고 적음 상관없이,
　"일단 만나서, 장소를 정하자."='E'

　장소나 분위기, 우리 둘만의 시간이니,
　외곽의 경치 좋은 곳을 먼저 생각한다면='I'

② 산에 갔는데, 전체 풍경을 먼저 보고,
  꽃이나 배경을 보면(사물엔 별 관심도 없다)='N'

  꽃이나 매점 등, 집중해서 본 후,
  풍경을 나중에 보면,
  또는 전체 풍경은 스치듯 지나가고,
  구체적으로 사물을 보면='S'

③ 물을 마시려고 유리컵을 들었는데,
  미끄러져 바닥에 떨어져 깨져 버렸다.
  이때, 엄마가 하는 말,

  "유리 깨졌네, 조심해야지."='T'
  "어디 안 다쳤어?! 아프진 않구? 놀랐겠다."='F'

④ 내가 원하는 답을 이미 속으로 정하고 질문='J'
  정말 궁금해서 질문='P'

2) 헷갈려요???!!!

① 우리는
  사람도 만나고, 가끔은 파티도 하고,
  함께하며 행동과 말도 한다.

또한, 사람을 만나면 장소도 정해야 하고,
행동도 하려면 생각도 하고,
가끔은 혼자 있고 싶을 때도 있고,
말하기 위해 기록하기도 한다.
그러나,

행동하고 생각하는가? 독서실은 절대로 안 가는가?
혼자 있으면 힘든가?
말하는 것이 좋고, 가끔 기록도 하는가?='E'

친구를 만나려 한다.
장소는 어디가 좋을까 생각하고 행동.
평소엔 조용히 혼자 독서실이나, 카페에서
책을 보며, 글로 정리하는 것이 좋은가?='I'

② 오랜만에 친구와 등산을 갔다.
풍경을 볼 수도 있고, 꽃이나 나무,
곤충들도 볼 수 있다.
시냇가에 흐르는 물을 보며
감탄할 수도 있고,
자연에서 맘껏 누릴 수 있는
평안함과 여유로움도 느낄 수 있다.

'산에 왔으니 빨리 정상에 가야지.' 하며,
처음부터 빨리 오른다.
가다 보니 땀두 나구,
오랜만에 등산을 하니 넘 힘들다….

'짜증 나! 나 내려갈래.' 하며,
정상이 눈앞에 보이는데도
그냥 포기할 가능성이 크다면!='S'

'힘들구, 땀두 나지만,
정상이 눈앞에 있고, 너도, 나도 할 수 있어!'
(마침, 반려견과 함께 지나가는 사람이 보였다.)

'흔한 일은 아니지만, 이때다.'
"친구야, 강아지도 가는데,
우리도 할 수 있지 않을까?! 홧팅팅,
내가 친구 짐도 메구 갈게, 천천히 가 보자!"='N'

③ 'T'와 'F'는 넘 티 난다.
이 세상에 하나뿐인 소중한 딸의 이야기이다.
친구와 싸웠다.

'T'인 엄마는…
"왜, 싸웠니?"

"누가 먼저 시비를 건 걸까?"
"둘 다 잘못한 것이 있겠지?!"
"그 친구도 억울할 수 있을 거야?!"
"해결은 어떻게 했니?!"
딸의 마음은 두 번째고,
싸움에 대한 정의, 논리, 공평성,
객관적 진실, 사고적 판단, 해결책,
결과가 둘 다 잘되기를 바라는 'T' 엄마! 미워!!!

친구와 싸웠다. 'F'인 아빠는…
"아니, 이 세상에서 가장 소중한 울 딸을
누가 건드렸어?!"
"아빠한테 연락하지, 아빠가 그 친구 혼내 줄 텐데…."
"어디 다친 데는 없구?!"
"다음에 또 이런 일 있으면 아빠한테 꼭 연락해!
아빠가 혼내 줄게…."

역쉬 'F' 아빠는 내 편! 최고!
"울 딸! 사랑해!!"
"나도, 아빠 사랑행."

④ 성인이 되어 직장 생활이 시작되었다.
나는 구조적인 건 숨통이 막혀서
하루가 1년같이 느껴진다. 나 좀 살려 주세요!!!

그러나, 가정이라는 울타리,
친한 친구가 있다는 것,
직장이라는 울타리는 또 다른 '구조'이다.
그것은 당연한 것이 아니다.
구조 안에서, 자유를 원한다면='J'

수시로 달력을 보며 계획을 세운다.
그러나, 계획대로 안 되어 짜증이 나면='J'

계획대로 안 되어도 괜찮아.
그래도 계획을 짜 놓는 것이 좋아. 이것도='J'

정말, 혼자 자유롭게 독립했다고 생각해 보라.
외로움에 눈물이 날 것이다.
며칠 여행은 여행일 뿐이다.
자유를 만끽하라.='J'

지금 독립했는가?
퇴근 시간, 혼자만의 시간이 기다려진다면='P'

독립했지만…!
퇴근 시간, 가족과 함께 저녁 먹고 싶으면='J'

계획이 뭐야? 수시로 바뀌는 계획,
머리 아프게 뭐 하러 짜냐!
그때, 그때 상황 보면서 하면 되~지~!
어떻게 되겠지~ 뭐!='P'

평소에 계획은 잘 세우지 않지만,
친구들과 1박 2일 캠핑을 가려 한다.
그래도 계획은 대충 짜야겠지. 어렵다.='P'

사업을 시작했다.
정면에 나서는 것이 싫으면='J'

직원이 실수를 했다.
"괜찮아! 실수는 할 수 있어.
어디에서 실수가 시작되었는지,
과정을 좀 살펴볼까?!"='P'

직원이 실수를 했다.
처음부터 다시 시작.
결과는 이미 잘못되었으니,
실수하지 않도록 다시 시작='J'
(계획을 바꾸는 건 넘 싫지만….)

3. MBTI(엠비티아이)+TAROT(타로) 궁정 카드(16장)를 통한 EQ(성격) 유형 발견

1) MBTI(엠비티아이)를 통한 EQ(성격) 유형 발견, 질문지

2) 두 단어 중 자신과 가깝다고 생각하는 단어 선택

3) 나의 유형은 _____이다.(궁정 카드:)

외향(E)-내향(I) : 에너지 방향	감각(S)-직관(N) : 정보 수집, 기능 개념
E. 사람 - I. 장소 E. 행동 - I. 생각 E. 파티 - I. 독서실 E. 함께 - I. 혼자 E. 말하다 - I. 기록하다	S. 나무들 - N. 숲 S. 사실들 - N. 가능성 S. 실제적인 - N. 비유적인 S. 오감을 통한 - N. 직관 좋음 S. 토끼 - N. 거북이
'E'의 개수__ / 'I'의 개수__	'S'의 개수__ / 'N'의 개수__
사고(T)-감정(F) : 가치관	판단(J)-인식(P) : 생활 양식
T. 정의, 공평 - F. 자비 T. 논리, 분석 - F. 이해 T. 객관적 진실 - F. 감정 T. 해결책 제시 - F. 공감 T. 사고적 판단 - F. 관계적인	J. 구조 - P. 자유 J. 계획 - P. 자율적, 개방적 J. 대답 - P. 질문 J. 매니저 - P. 사업가 J. 결과(목표 지향)- P. 과정 지향
'T'의 개수__ / 'F'의 개수__	'J의 개수__ / 'P'의 개수__

4) '궁정 카드'가 보이는가?!

TAROT(타로) 마이너 아르카나 '궁정, 인물 카드'이다.

(시종, 기사, 여왕, 왕: 16장)

5) 나의 MBTI(엠비티아이)+'궁정 카드'는?!

(다음 페이지에서 확인하기)

'I', 'N', 'T', 'P' 찌끄러기의 보석 같은 이야기

궁금한 건 못 참아, 집순이	남들과 좀 다른 생각 많이 함	유행보다 실용적 추구	새처럼 자유롭기를, 독립적	내향+논리 +사고+분석 +직관+인지
그룹에 리더는 1명	음식 레시피대로 한 적 없음	추리소설 마니아 (『명탐정 코난』)	까다로운 이상형, 독신주의자	강강약약, 돌직구 잘함
감정적 공감 서툼, 학습된 공감 능력	최소 노력 최대 이익, 편견 없음	INTP	혼자 살더라도 (똑똑한 사람 원함)	편한 옷 선호함, 여우 같은 곰
덕질하느라 잠을 못 잠	가장 똑똑한 유형, 아이디어 뱅크	영혼 없는 리액션, 엉뚱함	관심 분야만큼은 말이 많음	자신에 대해선 상당히 엄격
소수의 절친이면 충분	슈퍼 솔직, 완전 중립, 사회성 대배우	복잡할수록 문제 해결 잘함	의심, 질문 핵폭탄, 낯가림 심함	강한 자기주장, 마이웨이

- 아이디어 뱅크형/합리주의자
- 연인에게(애교, 보고 싶다, 사랑한다) 표현 부담, 연애 중 고민에 대해 공감대 형성 안 될 때 많음.
- 약속, 규칙 잘 지키고, 솔직 담백, 똑똑: YES
- 밀당, 조종하는 느낌, 게으름: NO
- 'INTP'↑
    → 나와 다르다고 상처가 되는 말은 절제
    → 나도 옳고, 너도 옳음을 인정!

검 시종
(Page of Swords)

핵심 키워드

호기심, 정보 수집, 관찰, 새로운 생각, 용기, 대범함, 독창적인, 이론적인, 성급한, 자기-결정에 의한

그림 해석

* **바람에 날리는 머리카락과 옷**: 활동적인 에너지
* **언덕**: 도전, 어려움
* **노란색 옷**: 지성, 이중성
* **붉은색 부츠**: 활동적인 에너지
* **보이지 않는 칼날**: 미숙함
* **칼과 얼굴 상반됨**: 불안, 불일치
* **파란 하늘과 뭉게구름**: 자신감과 확신, 시작
* **무리의 새들**: 많은 생각

'I', 'N', 'T', 'J' 찌끄러기의 보석 같은 이야기

지적인 카리스마, 비밀이 많음	자기 반성 많이함, 신뢰할 수 있는	논리적, 객관적 분석 잘함	하늘을 찌를듯한 자존감	내향+논리 +사고+분석 +직관+판단
규칙, 법규 질색, 주관 뚜렷, 신념 확고	창의적으로 복수함	진짜 친구는 극소수, 잡담은 시간낭비	"사랑해"말로만 표현하는 것보다	의외로 사랑꾼
변화보다 안정 추구, 소확행	첫인상 엄청 따짐, 칭찬에 인색	INTJ	실질적인 헌신으로 사랑 표현	장기적인 관계 선호
은근 허당. 결정은 신중	맡은 일에 책임, 약속 시간 잘 지킴	용의주도한 전략가, 완벽주의	과도한 감정적인 다가섬은 안됨	의미가 있는 일은 열성적
마이웨이, 모 아니면 도	현실적, 실용적, 효율성 추구	계획 세우기 좋아함	어려운 난관은 자극제	놀기 위해서 노는 기술을 배움

- 과학자형/합리주의자
- 장기적 관계, 각자의 성장과 독립성 중시=YES
- 목표나 가치관이 명확하지 않은 사람, 즉흥적인 행동, 밀당을 시도하는 사람=NO
- 'INTJ'
  - → 의도적으로 가족과 함께 즐거운 시간을 갖는 것이 필요
  - → 타인의 의견에 경청하는 자세 필요
  - → 혼자 일하기보다는 의도적으로 팀을 통해 함께하는 것이 필요

검 여왕
(Queen of Swords)

핵심 키워드

진실, 신중, 조용한,
집중력 강함, 확고부동한,
조직화된, 분별 있는,
근면한, 믿을 만한, 성실한,

그림 해석

* **새 한 마리:** 외롭고 수줍지만, 혼자서도 잘해요
* **검:** 냉정함, 원칙적인
* **노란 나비 모양, 루비 왕관:** 사랑, 열정, 지혜, 부와 풍요로움, 기쁨, 희망, 마음의 평화
* **여왕의 표정:** 단호함, 독단적인, 신중함
* **헤어스타일:** 부드러움
* **구름:** 생각, 마음속 고민
* **나무:** 지혜, 관계
* **보좌에 새겨진 천사, 나비:** 도움, 변화, 자유, 아름다움

'I', 'N', 'F', 'P' 찌끄러기의 보석 같은 이야기

온화함, 공감과 배려, 은유적 표현	감성, 상상력, 창의력 풍부	가식적, 상투적 큰 부담감	착하다는 말 많이 들음, 자비로운	내향+감정 +직관+인지
분위기에 민감, 호불호 명확	단체 생활 싫음, 혼자 있는 거 좋아함	연락하는 거 귀찮아함	한번 싫은 건 끝까지 싫음, 과묵함	인간과 종교(정신세계) 관심 많음
남의 시선이 신경 쓰임, 화 잘 안 냄	심리적인 거리 유지, 거절을 잘 못 함	INFP	부드러운, 헌신적인, 충성스러운	가치 있는 일에는 생명을 바침
내적 신념 뚜렷, 호기심 많음	판타지 좋아함, 눈물이 많음	필 받으면 돈 막 씀	고결한, 헌신하는, 책임감 있는	여행을 좋아하고, 영화, 음악, 책 좋음
느긋함, 여유로움 추구	MBTI 보는 거 재미있어함	결과보단 과정 중요, 멀티가 안 됨	현실감각이 둔함-가계부를 소설로 씀	언어, 문학, 상담, 심리, 예술 분야

- 잔다르크형/이상주의자
- 상대의 감정에 세심하게 배려, 낭만 추구, 운명적 만남 기대, 타이트한 일정보다 즉흥적인 활동 선호=YES
- 진정성 확인받고 싶어 거짓말, 무례한 언행, 혼자만의 시간 중요한데 과도한 압박=NO
- 'INFP' ↑
    → 현실과 이상을 구분하는 능력 필요
    → 가치관이 맞지 않는 것이라도 융통성 보일 필요 있음
    → 아이디어를 좀 줄이고, 실행에 옮기는 것이 필요

컵(성배) 시종
(Page of Cups)

핵심 키워드

감성적인, 부드러운, 공감하는, 융통성 있는, 예술적 감각, 모험심 있는, 창의적인, 자비로운, 느긋한, 깊이 있는

그림 해석

* **물고기:** 생산력, 창조, 잠재력, 가능성, 내면의 만남, 예술성
* **푸른 모자:** 순수함과 청결, 즐거움, 적극적인 마음, 흐름에 맡김, 융통성
* **꽃이 그려진 화려한 옷:** 개성, 독창성
* **보라색 옷:** 신비로움, 기대감, 창의, 호기심, 상상력
* **황금 성배:** 풍요, 부와 행운, 축복, 감정적인 풍부함
* **허리띠:** 마음의 준비가 됨
* **베이지색의 땅:** 마음이 안정적인 상태

'I', 'N', 'F', 'J' 찌끄러기의 보석 같은 이야기

공감 능력이 뛰어남, 잘 들어 줌	내성적인데, 열정적, 해결사	뜬구름 잡는 천사, 직관, 촉 좋음	소수의 모임 더 선호	내향+직관 +감정+판단
동물 사랑해, 독특한 상상력	철학적, 신앙적, 몽상	혼자 있는 시간 필요함	유행?! 아니, 편하면 됨	창의력, 통찰력, 강한 직관력
꿈쟁이, 생각, 걱정 많음	좁고 깊은 관계, 몰래 손절, 보수적	**INFJ**	독창성, 내적 독립성 강함	확실한 신념은 끝까지 밀고 나감
섬세, 예민, 신중, 상처 잘 받음	고민쟁이, 고집 셈, 친해지기 힘듦	소심함, 자기주장 못 함	자기 안에 갈등 많고, 복잡함	신중한 접근, 로맨티스트 성향
우유부단, 책임감 강함	개념적, 은유적 표현 선호	헌신적, 잦은 번아웃, 연락 귀찮음	인내심, 양심이 바름, 화합 추구	미래를 설계하는 관계를 원함

- 예언자형/이상주의자
- 천천히 신뢰를 쌓아 가며, 감정과 생각을 깊이 이해, 공감적 대화=YES
- 가벼운 언행, 약속 불이행, '독서, 영화' 좋은데, 취향 반대, 시끄러운 놀이동산은=NO
- 'INFJ'↑
    → 현실감을 키울 필요가 있다
    → 웃는 연습이 필요 (늘 심각해 보일 수 있음)
    → 가슴에 묻어 두지 말고, 풀어내는 것이 필요

컵(성배) 여왕
(Queen of Cups)

핵심 키워드

공감하는, 헌신하는, 인내심 많음, 통찰력,
열정적인, 깊이 있는, 직관력,
양심이 바름, 화합 추구, 결심이 굳은,
개념적인, 전체적인, 이상적인, 신비로운

그림 해석

* **물에 살짝 담근 발:** 현실과 감정 사이 연결, 현실에 얽매이지 않는 자유로운 영혼
* **여왕의 표정:** 부드럽고 온화한 표정으로 컵을 바라보는 모습, 이는 내면의 감정에 집중
* **물결 모양 망토:** 유연한 내면세계, 깊은 감정과 영적 능력 상징
* **회색 톤 드레스:** 중립, 균형, 의식적인 무관심, 편견 없음
* **조개 모양 브로치:** 순수함, 여성성
* **물고기:** 보좌 옆 아기 인어가 들고 있음, 머리카락 모양, 왕관(권위, 명예), 아기 인어: 영적 교감
* **화려한 황금 컵:** 감정의 깊이와 풍요로움
* **천사 모양의 장식:** 보호받고 있음
* **회색 보좌:** 내면의 평화와 마음의 안정
* **바다:** 감정의 깊이, 무의식의 세계
* **여러 색깔의 조약돌:** 감정의 다채로움
* **바다 위의 벽과 초록색 대지:** 벽은 감정의 경계, 초록색은 성장과 치유를 통해 성장하고 있음을 시사

'I', 'S', 'F', 'J' 찌끄러기의 보석 같은 이야기

기억력 좋음, 외유내강	원리 원칙 주의, 책임감 강함	참았다가 터트리는 편	남에게 민폐 끼치는 거 싫어함	내향+감각 +감정+판단
모험을 하지 않음	현모양처, 인내심 강함	예민, 민감, 꼼꼼, 섬세, 스스로에게 엄격	온정적이며 헌신적이며 침착함	먼저 주변 정리 후 일 시작
갈등을 싫어함, 생각이 많음	내가 좋아하는 사람 욕하는 거 싫어함	**ISFJ**	현실 감각을 갖고 실제적, 조직적으로	치밀성과 반복을 요하는 일 잘함
남 눈치 많이 봄, 눈치 빠른데 없는 척	나서는 거 극혐, 잔소리 많이 함	잘난척쟁이 불호, 게으른 완벽주의자	조직에 안정감을 줌	장기적이고 안정적인 관계 선호
평화주의자, 주목 공포증, 빈말 못 함	타인의 감정 파악 빠름	글, 메모, 사진, 추억 만들기	남들은 좋으나, 정작 본인은 힘듦	상대의 필요를 충족시키는 데 집중

- 임금 뒤편의 권력형/보호자
- 언어적 표현보다, 요리, 작은 선물 등 실질적인 배려로 감정 전달=YES
- 불확실하거나 예측 불가능한 건 불안함, 가치관과 신념 관심 없음=NO
- 'ISFJ' ↑
  → 에어로빅이나, 헬스, 등산, 자전거 같은 활동성 있는 운동이 성격 개조에 좋음
  → 가끔은 큰 소리로 노래를 부르고, 춤추는 것도 필요

펜타클 여왕
(Queen of Pentacles)

핵심 키워드

풍요로운, 충실한, 안정된, 배려심, 여유로운, 평안한, 헌신적인, 조용하고, 차분한, 전통적인, 참을성 있는, 봉사적인, 조직화된, 상세한, 보호하는, 책임질 수 있는, 매우 섬세한

그림 해석

* **토끼**: 번식과 풍요, 성공, 지혜, 재치와 낙천성, 행복
* **펜타클**: 성공, 번영, 현실적인 여인, 물질세계의 풍요와 번영
* **왕좌의 염소, 과일, 천사**: 지혜와 풍요, 사랑과 보호, 행복, 희망
* **장미 덩굴**: 사랑과 아름다움, 생명력과 번영, 지혜와 영감, 열정, 풍요로운, 마음의 여유
* **노란색 왕관**: 권위, 지혜, 풍요와 평온한 삶, 성공
* **여왕의 의상 5색**: 빨강(열정), 주황(풍요), 녹색(안정), 흰색(순수), 검정 머리카락(지혜): 풍족한, 여유로움, 서로 상생, 조화

'I', 'S', 'F', 'P' 찌끄러기의 보석 같은 이야기

엄청 독립적, 낙천적	소심, 혼자 일함	자신이 어찌 보일지 엄청 신경 씀	생각에서 실천까지 오랜 시간	내향+감각 +감정+인지
마음에 없는 말 못 함, 말 많이 안 함	호기심 넘침, 경쟁심 강함	고집, 자존심 엄청 셈, 거절 힘듦	선택하기 어려워함	남을 잘 믿고 의심하지 않음
사람 많은 거 싫어함	관심 싫어하지만 좋아함	**ISFP**	미래보다는 현재, 말없이 다정, 겸손	사기당할 확률 많음
얘기 잘 들어 줌, 언행일치	계획적이기 보단 즉흥적	작은 것 하나하나가 중요	차갑게 보이는 순둥이	생각은 많고, 행동은 부족
솔직, 진실함, 평화주의자	감정 표현 잘 못 함	모든 게 귀찮은 파워 집순이	포용력, 이해력 많은	자연적, 전원적인 것 갈구

- 성인군자형/현실주의자
- "헐!" "아, 진짜?" "나중에 할게." 이런 말 잘 함,
  "응(딴생각하느라 못 들음)?" 이해해 주면=YES
- 갈등 회피 성향이 강해 의사소통 오해 생길 수 있으나, 내면의 감정, 공유하는 것 싫으면=NO
- 'ISFP'
  → 적극적인 사고와 적극적인 행동 필요
  → 자기를 드러내는 연습 필요
  → 즐거움에 대한 호기심 절제, 우선순위에 맞춰 일하는 연습 필요

펜타클 시종
(Page of Pentacles)

핵심 키워드

신뢰할 수 있는, 돌보는, 온화한, 부드러운, 융통성 있는, 예리한, 민감한, 협동적인, 충성스러운, 이해하는, 조화로운, 겸손한

그림 해석

* **붉은색 모자**: 열정과 에너지
* **펜타클**: 현실적인 목표 설정
* **초록색 겉옷**: 성장과 발전, 새로운 시작, 기회의 발견
* **갈색 톤의 신발**: 활력, 자신감, 창조적인, 현실에 기반을 둔, 토착민, 실제적인
* **주황색 톤의 상·하의**: 풍요, 안정, 활력, 독단
* **푸른 산, 동산의 들꽃, 잘 정돈된 밭, 나무에 잎이 무성**: 새로운 시작, 비전

'I', 'S', 'T', 'J' 찌끄러기의 보석 같은 이야기

책임감 강함, 유비무환	안정적인 것 좋아함	직설적인 화법, 선입견 강함	오래된 조직을 좋아함	내향+감각 +사고+분석 +판단
융통성 부족, 공감 잘 못 함	당일 약속은 싫음, 시간 엄수	의존적인 연애 No, 감정 표현 서툼	범생이, 모범생, 세상의 빛과 소금	평소에 많이 참다가 폭발 하면 무서움
신중, 꼼꼼, 집중력, 완벽주의	모쏠 or 장기 연애	ISTJ	'장남, 장녀' 같다는 소리 많이 들음	교통 체증을 미리 계산, 약속 시간 잡음
정리정돈 중요함, 실용적 선물 선호	혼자 일함, 빈말 못 함, 슈퍼 진지	잘난 체, 선설명 후비판	남들이 '속을 모르겠다'라고 말함	실수한 건 바로 수정하기를 원함
본인 얘기 안 함, 잔소리쟁이	보수적, 한번 하면 끝을 봄	체계적, 논리적, 현실적	정리정돈을 해 놓는 것이 1순위	지나고 난 다음에 따지는 편

- 세상의 소금형/보호자
- 신중, 조용, 집중력, 매사에 철저, 사리 분별력이 뛰어 남을 이해하면=YES
- 혼자만의 시간 이해 못 하고, 직접적인 감정 표현, 약속 시간 자주 어기면=NO
- 'ISTJ' ↑
    - → 먼저 다가가 말을 붙이고, 웃는 연습이 필요
    - → 공휴일에 집에 있기보단, 가족과 함께 나들이가 필요
    - → 새로운 것에 도전해 보는 것도 필요

펜타클 기사
(Knight of Pentacles)

핵심 키워드

믿을 만한, 사실적인, 철저한, 체계적인, 확고부동한, 실제적인, 조직화된, 의무적인, 분별 있는, 근면한, 성실한

그림 해석

* **움직이지 않는 검은 말을 탄 기사:** 심사숙고, 문제 해결 능력, 힘과 강인함, 내면의 깊이, 선택의 기로
* **손에 쥔 펜타클:** 물질적 가치(종잣돈), 믿음직한, 현실과 영혼의 균형, 무엇을 심을까?!
* **잘 정돈된 땅:** 현실적으로 일할 준비 완료
* **갑옷을 입은 기사:** 보호와 준비, 기사의 결단력
* **말안장의 허리끈:** 도덕적 기준과 목표, 풍요, 이상, 희망, 통제와 조절 능력, 물질적 안정과 성취를 향해 준비 완료
* **투구와 말의 초록색 식물 장식:** 생명과 성장, 새로운 가능성, 확고부동, 인내심, 신중함, 성장과 자연의 조화
* **발 뒤쪽의 별 모양:** 희망과 영감, 지향하는 목표나 꿈
* **초록색, 보랏빛 대지:** 안전한 근본적인 기반으로 새롭게 시작하여 영적 성장, 높은 목표를 향하여 나아감

'I', 'S', 'T', 'P' 찌끄러기의 보석 같은 이야기

많이 생각하는 거 싫어함	개인주의, 편의적인, 실제적인	공감 능력 없음, 모험적인	필요할 때만 사교적, 조용, 과묵	내향+감각 +사고+분석 +인지
객관적, 독립적, 현실적	사람 많은 곳 싫어함, 융통성 있는	효율적인 일만 찾아서 함	다양한 도구 사용 능숙함	자기-결정에 의한, 절제된 호기심
좁은 시야, 의심 많음	표정이 다소 차가움, 생각은 적극	ISTP	규칙, 통제, 얽매임 싫어함	민감하게 상황을 파악하는
뭐든 잘하고 싶어 함	관찰자, 해결사, 적응력 좋음	혼자 노는 거 제일 좋음	연락을 자주 씹음	객관적으로 인생을 관찰하는
남한테 관심 없고, 받는 것도 X	자기주장 강함, 똥고집쟁이	자신만의 세계 뚜렷, 창의적	무언가에 빨리 질려함, 만능 재주꾼	타인에 대한 마음을 표현 하기 힘들어함

- 백과사전형/현실주의자
- 개인 공간, 취미 인정, 말보다 행동(실용적)으로 사랑 표현, 논리와 효율성으로 문제 해결=YES
- 과도한 감정 표현이나 집착, 말로만 '사랑해'=NO
- 'ISTP' ↑
    → 타인에 대해 의도적으로 관심 갖는 것 필요
    → 함께하는 일에 얼굴 표정 관리 필요
    → 충동에 따라 행동하는 것 절제 필요

지팡이 시종
(Page of Wands)

핵심 키워드

객관적인, 편의적인, 실제적인, 현실적인, 사실적인, 응용적인, 독립적인, 모험적인, 자발적인, 융통성 있는, (자기)결정에 의한

그림 해석

* **땅에 지팡이를 대고 서 있음**: 자연과의 연결
* **모자의 붉은 깃털**: 열정과 창의성
* **겉옷에 새겨진 도마뱀**: 부활, 재생력, 적응력, 내적인 힘
* **지팡이의 새싹**: 생명력, 의지, 진취력, 잠재력, 성장 에너지
* **제일 높이 있는 새싹을 바라보는 시선, 지팡이를 두 손으로 꼭 잡고 있음**: 목표, 계획, 비장함, 확신
* **짙은 갈색의 황무지**: 일의 시작, 비전, 창조적인, 고독, 정체성, 어려움,
* **3개의 산**: 목표, 인내력, 안정성, 개척, 도전, 장애물

'E', 'N', 'T', 'P' 찌끄러기의 보석 같은 이야기

아이디어 창고, 다재다능	맺고 끊음 확실함, 직관력, 눈치 빠름	논리적인 논쟁 즐김	어디든 적응력 빠름, 사교성 뛰어남	외향+논리 +사고+분석 +직관+인지
경쟁심 강함, 황소고집	개인주의자, 자기애 강함	화나면 무조건 티 남, 자기주장 강함	한 번 들은 얘기 또 듣는 거 질색	여자인 경우 치마를 두른 남자 같음
직설적, 솔직함	강한 척하지만 속은 여림	ENTP	마음먹으면 못 하는 것이 없음	007 제임스본드 형임
답답한 거 싫어함, 뒤끝 없음	문제 해결 탁월, 공감 능력 부족	독립적인, 도전적, 열정적	반복되는 일은 지루하고 힘들어함	민첩하고 독창적이며 안목 넓음
풍부한 상상력, 아이디어	나만의 스타일 확고, 후회를 모름	창의적인 새로운 시도 좋아함	다방면에 관심과 재능 많음	진취적인, 전략적인, 영리한

- 발명가형, 변론가/합리주의자
- 내 사람에겐 한없이 다정다감, 대화가 잘 될 수 있는 지적인 사람, 외모는 당연한 사실=YES
- 논리 없이 감정만 내세움, 내 말 못 알아들으면=NO
- 'ENTP' ↑
  → 말을 할 때 저 사람이 어떻게 느낄까 먼저 생각하기
  → 타인에 대한 칭찬, 격려, 인정 필요
  → 일의 끝마무리에 인내심 필요

검 기사
(Knight of Swords)

핵심 키워드

전략적인, 진취적인, 독립적인, 솔직한, 창의적인, 융통성 있는, 도전적인, 분석적인, 영리한, 자원이 풍부한, 의심스러운, 이론적인

그림 해석

* **검을 높이 들고 말과 힘차게 달리고 있음:** 역동적인 모습, 삶을 개척하려는 생각과 함께 행동력도 있음, 카리스마
* **갑옷:** 전투와 갈등에 대항할 준비, 무의식과 잠재의식에 맞서는 모습, 급진적인 성향
* **붉은 깃털, 붉은 망토:** 깊은 감정과 높은 열정
* **말의 장식(하늘색 바탕의 노란 나비, 새)과 기사:** 본능과 육체를 나타내는 순수함(조절 잘 함)
* **세찬 바람을 거스르는(나무의 흔들림, 구름의 모양):** 오래된 힘을 거슬러 자신만의 길을 개척하겠다는 의지, 추진력, 실행력, 지성
* **그림 밖으로 벗어난 검:** 생각을 넘어, 급함
* **뾰족한 신발:** 예민한 성격, 날카로운 판단

'E', 'N', 'T', 'J' 찌끄러기의 보석 같은 이야기

논리적, 객관적, 슈퍼 솔직	도전적, 전략적, 조직적	체계적, 지도력, 통솔력	동물을 별로 좋아하지 않음	외향+논리+사고+분석+직관+판단
일 중심, 공과 사 구분 철저	지적 욕구 강함, 뭐든지 분석하는 습관	미래 지향적, 사전 준비 철저	지적 욕구 강함, 고집이 셈	도전적인, 비판적인, 강압적
성급한 판단 내릴 수 있음	타고난 리더, 지시받는 거 싫어함	ENTJ	호기심 많음, 가끔 엉뚱할 때 있음	새로운 아이디어에 높은 관심
자기애 강함, 공감 능력 없음	공정한, 강인한, 속이는 거 아주 싫어함	관심받는 거 좋아함, 혼자 있는 거 싫어함	너무 완벽 추구, 비집고 들어갈 틈 없음	일상적인 반복되는 일 싫어함
효율적인 거 좋아함, 돈 관리 잘 함	열정, 단호, 보는 시야가 넓음	일 열심히 하고 욕은 욕대로 먹음	장기적 계획과 거시적 안목 선호	변화 있는 생활을 즐김

- 지도자형/합리주의자
- 자신의 리드에 잘 따라와 주는 사람, 현명하고 똑똑한 사람=YES
- 애교, 투정 부림, 우유부단=NO
- 'ENTJ' ↑
  → 속단, 속결 강압적으로 하기 쉬움, 한 번 더 생각하라
  → 타인의 말에 적극적으로 경청할 필요
  → 일 중심보다 사람 중심의 생활이 필요

지팡이 왕
(King of Wands)

핵심 키워드

전략적인, 결정적인, 계획이 많은
강인한, 비판적인, 잘 조절된,
도전적인, 직선적인, 객관적인,
공정한, 이론적인, 타고난 리더

그림 해석

* **지팡이가 땅과 보좌에 기대어 있다:** 지배력, 일 중심
* **사자 목걸이, 왕관:** 용맹, 용기와 힘, 꼼꼼하고 세밀하며 계획적, 권세
* **도마뱀, 망토의 도마뱀:** 생명력, 충성스러운, 재생
* **초록색 신발과 장신구:** 성장, 번영, 안정
* **왕좌 뒤의 등받이에 그려진 사자와 도마뱀:** 시작과 끝
* **주황색 계열의 옷과 머리카락:** 열정, 에너지, 힘

'E', 'N', 'F', 'P' 찌끄러기의 보석 같은 이야기

감정 기복 심함, 모순덩어리	공감 능력 뛰어남, 활동가	돈 개념 희박, 경쟁의식 없음	감정이 얼굴에 잘 드러남	외향+직관 +감정+인지
상상력 풍부, 재능이 많은	호기심 많음, 좋아하는 것만 잘함	동물 애호가	감동을 잘 하고 눈물도 많음	싸움을 하려면 심장부터 뜀
새로운 시도 잘함, 독립적인	위기 대처 능력 뛰어남	**ENFP**	행사나 일을 잘 주선함	반복적인 일상 힘들어함
인간관계 중요함, 양보를 잘 함	낙천적이며 긍정적	계획보단 그때그때, 인생은 즐겁게	선생님이 마음에 들면 싫은 과목도 잘함	사람을 기쁘게 해 주는 탁월한 능력
우호적임, 촉이 좋음	마음이 따듯하고 열정적임	감정 표현 솔직, 멋 내는 것 좋아함	기발한, 창의적 아이디어	꾸준한 운동 필요

- 스파크형/이상주의자
- 감정 표현이 솔직, 인정받는 느낌 주는 것, 서프라이즈 선물, 진심 어린 관심 표현=YES
- 비판, 내 마음 몰라줌, 늘 똑같은 데이트 형식=NO
- 'ENFP' ↑
    → 좋아하는 일만 하기보다 우선순위 정해 놓고 하는 것이 필요
    → 현실에 충실하라
    → 인내심을 길러라

컵(성배) 기사
(Knight of Cups)

핵심 키워드

우호적인, 창의적인, 호기심 있는, 열성적인, 재주가 많은, 자발적인, 표현적인, 독립적인, 열정적인, 상상적인, 활동적인

그림 해석

* **백마:** 순수, 좋은 소식, 기쁨, 희망적인
* **날개 달린 투구와 신발 뒤쪽에도 날개:** 기쁜 소식을 전하는
* **강:** 사람의 감정, 풍부한 감수성
* **컵을 앞세워 나감:** 감정, 마음을 담아
* **붉은 물고기를 새긴 갑옷:** 열정적 마음 표현
* **황토색 계열의 절벽, 메마른 땅:** 메마른 것 같지만, 그 사이에 강이 흐르고 있으니, 기대감을 품고 나감, 멀리 나무들이 가지런히 잘 자라는 것처럼

'E', 'N', 'F', 'J' 찌끄러기의 보석 같은 이야기

동정심 풍부, 믿을 수 있는	민첩하고, 참을성 많고 성실함	현재보단 가능성 추구	열성, 열정적, 책임감 강함	외향+직관 +감정+판단
경청, 공감 잘함, 꿈과 희망	따듯하며 정이 많음, 미소, 조화	고집, 친구가 많음, 오지랖 넓음	어떤 상황에서도 진심을 다하는	공감 능력 있는 사람이 좋음
친절하고 재치 있음, 인간 사랑	친구에게 관심 많음, 칭찬에 약함	**ENFJ**	주변 사람들을 독려하고 용기를 주는	감정에 솔직한 사람에게 더 깊은 유대감 느낌
말로 생각을 잘 표현함	리더십, 정리, 조직화 좋아함	사교적이며 사람들을 좋아함	배려심 많은 사람 이상형	사소한 습관, 작은 취향 기억하면 좋음
마음이 통하는 진실한 관계를 원함	은유적인 표현 주로 사용, 독서	평화로운 관계 유지하려 함	사람을 섬기기 위해 세상에 나왔음	사람과 사람을 잘 엮음

- 언어 능숙형/이상주의자
- 사소한 습관 작은 취향까지 기억해 주는 세심함과 다정함의 대명사, 그 마음을 알아주는 연인이라면 더 바랄 것이 없음=YES
- 서로 함께 성장하는 깊은 관계 원함, 아니면=NO
- 'ENFJ' ↑
  → 무조건적으로 상대에게 맞추지 말 것
  → 현실적인 일과 세부 사항에 대한 관심 필요
  → 인간관계를 중요시하다 큰일을 소홀히 할 수 있음

지팡이 여왕
(Queen of Wands)

핵심 키워드

충성스러운, 이상적인, 개인적인, 책임질 수 있는, 표현적인, 열성적인, 열정적인, 외교적인, 지지적인, 마음이 맞는, 적극적인, 사교성 풍성, 동정심 많은

그림 해석

* **지팡이는 왕좌에 자리 잡고 있음:** 여왕으로서 충성스러운, 책임감 있는 모습
* **왕관과 월계관이 함께 있음:** 영광, 권세, 승리
* **검은 고양이:** 직관과 통찰력, 독립적이고 자신감, 잠재력, 협력자
* **왕좌, 손에 해바라기:** 태양을 향해 바라보는, 에너지와 따뜻한, 풍요, 충성심, 헌신
* **노란색과 황금색:** 신의 은총, 의식적인, 부귀, 영화, 삶의 기쁨, 누림, 평안, 화평
* **한 쌍의 사자 문양의 왕좌:** 안정과 성공, 능력 인정, 목표 달성, 사회적 지위와 긍정적 영향력
* **사막과 회색의 강(좌, 우):** 인내와 강인함을 통한 성취, 성장, 한쪽에 치우치지 않은, 동등한, 앞으로 더 해야 할 일에 대한 무의식과 의식

'E', 'S', 'F', 'P' 찌끄러기의 보석 같은 이야기

현실 대처 능력 갑, 사람 파악 빠름	강한 자기주장, 고집쟁이	새로운 일에 대한 호기심 많음	계획보다 즉흥적인 걸 더 좋아함	외향+직관 +감정+인지
자유는 소중해, 귀가 얇은 편	정작 하고 싶은 말 잘 못 함	진지한 게 제일 어려움, 고집 셈	무엇이든 쉽게 질려함	우주 최강 오지라퍼, 개방적인
극도로 낙천적, 충동구매	이 세상이 나의 무대, 복잡한 거 싫음	**ESFP**	공감 능력, 리액션 좋음, 열성적인	좋고 싫음 얼굴에 다 티 남
현재가 중요, 멀티 불가능	꾸미는 거 좋아함, 충동구매	타인에게 매우 친절, 거절 잘 못함	인기 많고 매력적임, 명랑한	고리타분한 원칙 따르는 거 질색
갈등을 싫어함, 분위기 메이커	혼자 있는 걸 못 견딤, 관심 받고 싶어 함	영웅, 구원자, 해결사가 되고 싶어 함	경험으로 인생을 이해함	처음, 최초라는 수식어 좋아함

- 사교적인 유형/현실주의자
- 자유로운 연애, 새로운 경험 함께 나눔=YES
- 구속은 숨 막힘. 구조, 질서 중시하면=NO
- 'ESFP'↑
    → 끊고 맺음 확실히 하기를
    → 계획성 있는 일 처리 방식이 필요
    → 가끔 혼자서 자기의 내면을 성찰할 시간이 필요

지팡이 기사
(Knight of Wands)

핵심 키워드

열성적인, 융통성 있는, 쾌활한,
우호적인, 명랑한, 사교적인,
표현적인, 협동적인, 느긋하면서 급한,
관용적인, 개방적인, 낙천적인

그림 해석

* **불꽃 모양 주황색 깃털:** 행동력, 용기, 열정적인
* **투구:** 불꽃 같은 열정, 의지, 장교만 착용 가능
* **노란 옷에 그려진 도마뱀:** 만족, 희망적, 자유한, 낙천적인
* **붉은 톤의 말:** 강한 힘, 안정성, 신뢰성, 고갈되지 않는 체력, 거친 행동, 생명력 좋은, 도전적인
* **지팡이의 새싹과 말의 끈에 있는 새싹:** 도전, 새로운, 추진력, 잠재력
* **3개의 피라미드:** 미지의 세계로, 전진

'E', 'S', 'F', 'J' 찌끄러기의 보석 같은 이야기

융통성 없음, 약속 시간 매우 중요	사회생활 잘 함, 타고난 협력자	예의 바르고 친절함, 사교적인	이름, 얼굴 잘 기억함	외향+감각 +감정+판단
완벽주의, 타고난 리더	배신은 없다, 성실함	걱정이 얼굴에 드러남	자기주장 강한 편 아님, 재치 있는	헌신적이고 돌보는 성향, 협동적인
상처를 받아도 표현 못 함, 감동하기 쉬운	잔소리 많음, 비판에 민감	**ESFJ**	자존감이 높지만 티는 안 냄	마음이 따뜻하고 애정이 넘침
분위기 메이커, 눈치 백단	친구들 많음, 인싸 중 인싸	충성스러운, 사교적인, 전통적인	추상적인 대화는 싫음	재정 관리 예산 범위 안에서 소비 잘 함
싫은 거 티 잘 안 냄, 잔걱정 많음	인정 욕구 많음, 옳고 그름 분명	습관, 버릇 바꾸기 힘듦	결혼하면 100% 가족 우선 헌신	비판을 받아들이기 어려워함

- 친선 도모형/보호자
- 연인에게 전적으로 헌신, 신뢰, 약속 잘 지킴
- 감정적으로 안정적, 배려심, 공감 능력=YES
- 느린 결정, 부정적인, 아는 척하는 태도=NO
- 'ESFJ' ↑
  - → 가족들과 독립이 필요
  - → 잔걱정을 줄이기 위해 걱정을 객관화시켜 볼 필요 있음

컵 왕
(King of Cups)

핵심 키워드

조화로운, 성실한, 충성스러운, 사교적인, 개인적인, 책임질 수 있는, 협동적인, 재치 있는, 철저한, 감동하기 쉬운, 전통적인, 동정적인

그림 해석

* 해파리, 파도 문양의 왕관: 수용과 신뢰 상징
* 물고기 모양의 금목걸이: 번영과 신뢰
* 바닷물의 색깔들(녹색, 청록색, 회색): 수많은 감정, 컵 왕은 감정의 주인
* 험난한 파도에서 웃고 있는 돌고래(큰 물고기)와 붉은 배: 지성과 지혜, 평화, 열정과 결단력, 행동력
* 한 발 내민 초록색의 발: 안전과 풍요, 균형
* 남색과 푸른색의 옷과 노란색과 붉은색의 가운: 서로 보호색, 의식과 무의식, 지성과 이성의 균형

'E', 'S', 'T', 'P' 찌끄러기의 보석 같은 이야기

공감 능력 별로인데 다정함	확실한 거 좋아함, 경쟁심 강함	솔직, 직설적임, 충동적, 즉흥적임	낙천주의자, 창의적 직업	외향+감각+사고+분석+인지
다재다능함, 관찰력 좋음	자유는 소중해, 개방적	내가 좋아, 내가 최고, 융통성 있는	경험으로 배우는 타입, 현명함	적극적, 활동적, 현실적
친구 엄청 많음, 선입견 없음	상식은 풍부, 깊이는 부족, 정보통	**ESTP**	추상적으로 말하거나, 감성 팔이 유형 극혐	사람 만나는 것 좋아함, 귀찮아서 안 만남
일은 몰아서 한 번에, 민첩한	에너지 넘침, 사람 잘 파악함	분위기 잘 탐, 자신감 있고 매력적	잘난 척하지 않는 사람 좋음	나만 아는 무언가를 가진 사람
폭넓은 관심사와 취미	은근히 사랑 받고 싶어 함	반항아적 기질, 자기주장 강함	내 마음에 드는 사람 좋아함	기자, 소방관, 마케팅, 여행 가이드

- 수완 좋은 활동가형/현실주의자
- 연인에게 역동성과 모험심, 안정감과 배려 제공
- 'ISFJ'의 감정적 기복이 충돌, 공동 목표 설정이 어려울 수 있음
- 'ESTP' ↑
    - → 급하게, 즉흥적으로 일 처리를 하는 것보다, 계획과 체계적으로
    - → 자신의 능력이나 성과도 중요하지만 다른 사람들의 의견이나 조언도 받아 주기를

펜타클 왕
(King of Pentacles)

핵심 키워드

개방적인, 행동 지향적인, 융통성 있는
재미를 좋아하는, 재주가 많은,
열정적인, 낙천적인, 민첩한, 자발적인,
실용적인, 느긋한, 설득력 있는

그림 해석

* **펜타클을 무릎에 두고 위에서 잡고 있음:** 현실적 여유
* **백합과 장미 왕관:** 신의 창조, 존엄성, 순수, 열정, 용기
* **황소:** 힘, 봉사, 헌신, 참을성, 생산성, 희생
* **왕관, 월계관:** 권위의 상징, 승리, 최고의 영광
* **빨간색 목도리:** 열정, 에너지, 힘과 권위
* **왕좌, 홀:** 권위의 자리, 안정
* **갑옷:** 보호, 방어적
* **초록색 잎, 포도 넝쿨:** 풍요로운 열매, 부와 성취
* **검은 예복, 벽:** 안전, 보호, 경계
* **회색 톤의 염소 얼굴:** 강인함, 결단력, 중립성, 균형
* **멧돼지 머리 위에 올린 오른발:** 본능 절제, 승리
* **성, 벽:** 요새, 안전, 보호, 경계

'E', 'S', 'T', 'J' 찌끄러기의 보석 같은 이야기

규칙과 질서 중시	싸움은 싫지만 지는 건 더 싫음	보수적, 호불호 확실	감정적, 공감 능력 부족	외향+감각 +사고+분석 +판단
리더십과 책임감, 신뢰성	조직화된, 정직함, 성실한	사회적 지위에 지나치게 집중	완벽주의! 딱딱 떨어져야 함	약한 건 이해, 멍청함은 이해 불가
카리스마, 의리 있음	공감하는 척 속으론 계산적	ESTJ	모든 게 제자리에 있어야 함	고집 셈+ 현실적+이성적 +직설적
시작하면 끝을 냄, 게으름 질색	철저한 자기 관리, 융통성 부족	예약, 계획이 일상, 지도력	상황에 맞는 옷차림을 잘 함	일 잘하는 사람이 최고
남에게 관심 無, 오직 나!	기억력 좋음, 세심함	체계적, 결단력 있음	헛소리, 변명 싫어함	말 못하는 사람 싫어함

- 사업가형/보호자
- 연인에게 책임감 있음, 헌신적, 안정적인 연애 선호, 솔직 담백, 가끔 통제하려는 성향, 공동체 중요함
- 약속, 규칙 중요시=YES
- 밀당, 조종하려는 전술, 게으름은=NO
- 'ESTJ' ↑
  → 일도 중요, 사람이 더 중요함을 기억하라
  → 급하게 결정하기 전에 여러 상황을 생각하라

검 왕
(King of Swords)

핵심 키워드

지도력, 결정적인, 체계적인, 효율적인, 객관적인, 실제적인, 조직화된, 비개인적인, 성실한, 책임질 수 있는, 구조화된, 논리적인

그림 해석

* **칼을 약간 기울인:** 효율적인, 실제적인, 융통성 있는
* **두 마리의 새:** 동행, 돕는 자, 동력하는
* **나비 문양의 보좌:** 사랑, 열정, 지혜, 부와 풍요로움, 기쁨, 희망, 마음의 평화
* **날개 달린 사자 문양의 왕관:** 지혜의 왕, 왕권, 용기, 최고의 권력
* **뭉게구름:** 맑은 하늘에서 볼 수 있는, 희망찬, 긍정적 에너지
* **좌, 우 나무:** 함께하는, 서로 힘이 되는, 협력하는

다음은,

'성경을 통한 TAROT(타로) 이야기'

TAROT(타로), '바보' 찌끄러기의 보석 같은 이야기

타로는…

메이저 '10번' 운명의 수레바퀴 안에 있는 글자
(영문, 히브리어)를 해석한 것이다.

- TORA(=유대교 경전)
- TARO(=새로운 시작, 승리)
- ROTA(=축을 중심으로 한 수레바퀴)
- יהוה(히브리 문자, YHWH)=하나님
- 기독교적 영적 가르침
- 성경 속 인물, 사건을 그림으로 상징
- 14세기경 유럽 귀족들의 생활상과 세계관을 표현한 카드(게임, 놀이)
- 18세기부터 점술 도구로 사용
- 21세기 현재는 심리상담 도구로 사용
- 내 안에 있는 무의식과 만나는 도구
- 메이저 카드(0-21)는 평생, 기질 카드(생년월일, 타고난 기질, 성격, 달란트는 변함없다)
- '나도 알지 못했던, 나를 찾아 떠나는 여행'
- 자연관의 연결[지(地), 풍(風), 화(火), 수(水)]을 통한 인생 여정을 이미지화한 것

성경에 근거한 상징적 표현이라면, 성경을 알고,
해석되어야 하지 않을까?!

- **4원소: 지팡이**(불), **컵**(물), **검**(공기, 바람), **펜타클**(흙)

  "태초에 하나님이 천지를 창조하시니라"(창세기 1장 1절)

  "천지와 만물이 다 이루어지니라"(창세기 2장 1절)

- **메이저 '10번' = '운명의 수레바퀴'**

  4생물의 형상: 날개 달린 사람, 날개 달린 독수리,

  　　　　　　날개 달린 황소, 날개 달린 사자

  "그들에게 각각 네 얼굴과 네 날개가 있고

  그 얼굴들의 모양은 넷의 앞은 사람의 얼굴이요

  넷의 오른쪽은 사자의 얼굴이요 넷의 왼쪽은 소의 얼굴이요

  넷의 뒤는 독수리의 얼굴이니"(에스겔 1장 6-10절)

　　　"나는 여호와라 나 외에 다른 이가 없나니

  　　　나밖에 신이 없느니라"(시편 45장 5절)

'성경을 통한 타로 이야기'의 시작은
기독교 역사를 통한 TAROT(타로)
해석을 원하는 분들이
점점 많아지고 있는데,
해석 자체에 한계를 느낄 수밖에 없다.
'BIBLE(성경)'을 모르기 때문이다.
현 기독교에선 TAROT(타로)는,
점술가들이 하는 것으로 알고 있기에,
굉장히 반감을 갖고 있는 것이 사실이다.
TAROT(타로)를 알아 가기 시작할 때,
어떤 목사님은,
'다른 건 다 하셔도 괜찮은데,
TAROT(타로)만은 하지 말라'고
부탁하실 정도였다.

나 또한 신앙생활을 하는 청년이 친구들과 부담 없이
타로점을 보러 갔다는 소리에, "그건 아니지."
울면서 이야기한 적도 있다.

나의 인생에 모험이 시작되었다.
내가 타로를 시작하게 된 동기가 있을 것이다.
그것은, 바로. 청소년과 청년, 초·중년기 성인들에게
심리상담을 하고 싶어서였다.

심리센터에서 상담을 받으면, 아직도,
정신질환자로 보는 선입견이 많이 있기에,
성큼 상담을 받기가 쉽지 않다.

타로 카페도 차를 마시며, 부담 없이
카페 가는 느낌으로 간다고 생각했는데,
역시나 분위기는
타로점을 보는 것으로
가격이 부담스러운 것도 사실이다.

그래서, 이 책을 쓰게 되었다.
할 수만 있으면, 재밌게, 편하게, 부담 없이,
쓰고 싶었다.

혼자서도, 또는 나와 내 주변의
사랑하는 사람들만큼은,
그들이 힘들어할 때,
그냥 술 한 잔 마시며,
이야기할 수도 있겠지만,
재미있는 상담 도구를 통해,
서로를 알아 간다면 좋을 것 같았다.

"한 번도 안 해 볼 수는 있어도,
한 번만 할 수는 없을 것이다."

집에서 식사를 할 때, 내가 준비하고, 내가 먹어야 한다.
귀찮아하지 말자. 화장실에 가듯, 자연스러운 것이다.
그 누가 대신해 줄 수 없다.
내가 해야 한다. 남에게 의지하지 말자.

내가 나도 책임 못 지는데
상대도 크게 다르지 않다.
기왕이면 나도 남도 함께 지혜롭게
인생 문제를 스스로 해결해 나가는 힘을 길러 보자.

결코 어렵지도, 힘들지도 않다.
식사를 취향에 맞춰 먹듯,
나의 스타일에 맞춰 하면 된다.

'고정관념, 선입견, 비교, 편견'에서 자유하라.

열린 마음으로…

마음을 활짝 오픈하고,

그전에 생각들 다 내려놓아라!!!

그거면 할 수 있다.

타로는 전문적이고, 영적인 것이 맞다.
무의식을 건드린다고 한다.
내 마음을, 나의 필요를, 하고 싶은 말을,
타로가 말을 해 주니,
타로를 통해 나를 만나는 시간

좋긴 한데, 하고 싶긴 한데….
타로를 전문적으로 배우려면
많은 시간과 돈을 필요로 한다.

나는 '핵심 키워드'를 통해
쉽게 접근하기를 원한다.

'성경' 속의 비밀과 함께….

나는…
나는 '아내'이다.
나는 '1남 1녀, 엄마'이다.
나는 '3남 1녀, 엄마의 딸'이다.
나는 '목사'이다.
나는 '심리상담사'이다.
나는 '타로 전문 강사'이다.
나는 '자격증'이 30개가 넘게 있다.

지식은 지식으로 끝나면 안 된다.
지식은 지혜로움으로 Test(시험)를 잘 보아야 한다.
학교에서나 모든 삶의 문제를 잘 풀면,
나는 그만큼 성숙하고, 한 단계 성장한 것을
경험을 통해 알 수 있었다.

나는 이론적으로 이야기하는 것도 좋아하지만,
그 이론적인 가능성을 실제 상황에서 효율적으로
잘 헤쳐 나가는 것을 더 좋아한다.

특별한 사람, 조건 좋은 부모….
내가 '소확행'을 느끼는 데 있어,
이것이 크게 조건이 될 수 없다.

행복한 삶을 사는 조건이 있다면,

"나를 아는 것이다."

나의 타고난 성격,
나의 성품,
나의 환경을 통해…
하루하루의 지혜가 필요하다.
이것을 누군가에게 찾아가
상담하려면 얼마나 우스운가?!

그러나, 스스로에겐 심각할 수 있다.

식사를 할 때, 무엇을 먹어야 할지,
하루에 기본적으로 3번은 고민하게 된다.
친구를 집에 초대하면, 더 고민할 수밖에 없다.

그러나, 음식을 잘하거나, 조리사 자격증이 있거나,
음식에 관심이 있어서 집에서 자주 해 먹었거나,
요식업에 종사하시는 분들은
크게 갈등하지 않는다.

나는 22살 때부터 출장 뷔페,
출장 요리사를 하면서,
한·양식 자격증도 취득했다.
음식 하는 것을 좋아한다.
사랑하는 이들을 위해
맛난 음식을 하는 것만큼
행복한 건 없으니….

딸아이가 밤 11시쯤 갑자기
떡볶이가 먹고 싶단다.
엄마의 반응 "OK."
먹고 싶다 할 때, 할 수만 있다면,
언제든 해 주었다.

그것은, 아이에게 좋은 추억으로 남을 테니….

24세 때 대학교 가을 축제 때
혼자 250명 행사를 치른 적도 있다.

음식을 못 하면, 식사를 포기할 것인가?!
그럴 수 없다. 내 몸은 소중하니까.
영혼이 건강해야, 육체도 건강하다.
육체가 약해지면, 영혼도 약해진다.
영혼과 육체는 하나이기 때문이다.

요즘은 배달 천국이다.
그러나, 집에서 계란프라이라도
내가 직접 해 보는 재미를 맛보라.

내가 직접 한다는 건,
그 무엇으로도 비교할 수 없는 맛이 있다.
행복이 있다.

"어차피 할 거면, 즐겁게…."

자주 쓰는 말 중 하나이다.

나의 소중한 삶을 포기할 것인가?!
그럴 수 없다.

TAROT(타로) 이야기

TAROT(타로)는 총 78장이다.

1. 'TAROT(타로)'의 구성

1) 'TAROT(타로)'는 총 78장

* **메이저 아르카나(0-21)**: 평생 카드, 기질 카드→22장
* **마이너 아르카나→56장**

  ① 슈트 카드: 40장(각 10장씩: 완즈, 컵, 소드, ☆)

  • 완즈=지팡이, 불, 에너지

  • 컵=컵, 물, 감성

  • 소드=칼, 공기(바람), 이성

  • 펜타클=☆, 땅, 현실적 열매

  ② 궁정 카드: 16장(각 4장씩: 완즈, 컵, 소드, ☆)

  시종(PAGE), 기사(KNIGHT),

  여왕(QUEEN), 왕(KING)

2) 'TAROT(타로)' 총 78장을 3가지로 나누기

- 카드 윗부분에 '로마 숫자'와
  아랫부분에 '영어 제목'으로 쓰여 있는 것

  (메이저 아르카나: 22장, 평생 카드, 기질 카드)

- 카드 윗부분에 '로마 숫자'만 있는 것

  (슈트 카드: 40장)

- 카드 아랫부분에 '영어 제목'만 쓰여 있는 것

  (궁정 카드: 16장)

⭐ 메이저 아르카나 '0-9'(성경 인물에 대한 핵심 키워드)

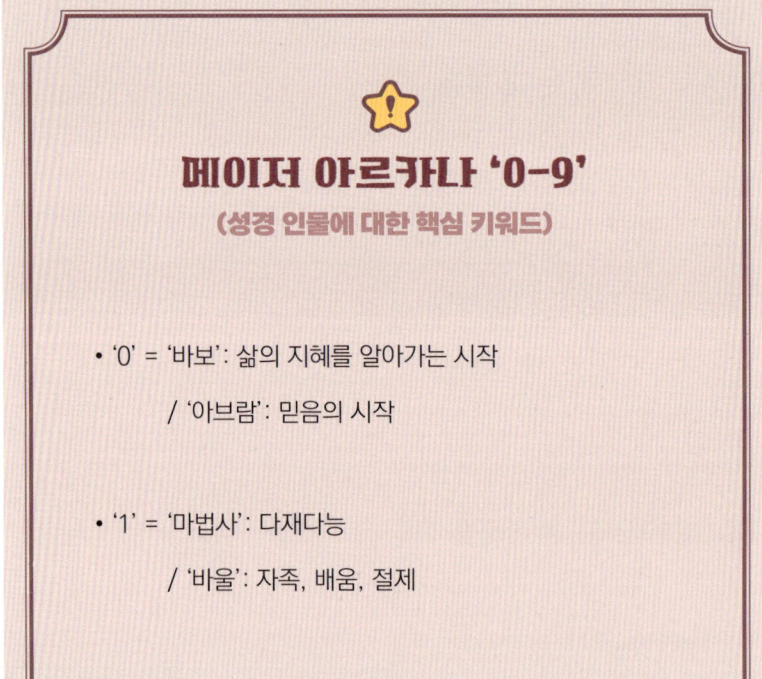

- '0' = '바보': 삶의 지혜를 알아가는 시작
  / '아브람': 믿음의 시작

- '1' = '마법사': 다재다능
  / '바울': 자족, 배움, 절제

- '2' = '여사제': 중립, 지혜자

    / '사사 드보라': 영적 직관, 공감

- '3' = '여황제': 풍요, 포용력, 권위

    / '에스더': 감정과 이성, 베풂, 결단력

- '4' = '황제': 절대적인 힘

    / '사울': 모든 걸 가진 자, 비교하는 순간…

- '5' = '교황': 가르침

    / '베드로': 신성한 권위, 영적 리더, 책임감

- '6' = '연인': 사랑, 관계 중심

    / '아담과 하와': 공감, 헌신

- '7' = '전차': 도전, 결단

    / '다윗': 카리스마, 마음에 합한 자

- '8' = '힘': 내면의 힘

    / '술람미 여인': 외유내강

- '9' = '은둔자': 내적 자기 성찰

    / '엘리야, 세례 요한': 깨달음, 인내, 지혜

3) 메이저 아르카나(22장, '0-21')

카드 위쪽에 로마 숫자 + 아래쪽 영어(제목)로 되어 있는 카드

"천천히 보면, 알 수 있다.
자세히 보아야 보인다."

* 메이저 카드(0-21): 평생 카드, 기질 카드이다.
* 메이저 카드는 '생년월일'이 바뀌지 않듯,
   나의 평생 카드도 변함이 없다.
* 생년월일(양력, 음력, 주민등록상)을 다 더해 보자.
   ex. 1973. 11. 28. (음력)
       1973. 12. 22. (양력)
       (1+9+7+3+1+1+2+8 = 32 = 3+2 = 5)
   11월이라 해서 11을 더하는 것이 아님. 1+1임.
   → 다 더했을 때 32면, 이것을 따로 더함. 그러면,
      나의 평생 카드, 메이저 카드는 '5번=교황 카드'(음력)
   → 1+9+7+3+1+2+2+2 = 27 = 2+7 = 9
      나의 평생 카드, 메이저 카드는 '9번=은둔자 카드'(양력)
* 타로 카드는 서양 카드이기에 '양력'을 선호한다.
* 그러나, 동양은 '음력'을 선호하기에…
   음력, 양력, 지금까지 진짜 생일을 모르고,
   주민등록증에 등록된 것으로 살았다면,
   그것으로 한다.

"열 길 물속은 알아도
한 길 사람의 속은 모른다."라는
유명한 속담이 있다.

"선한 사람은 마음에 쌓은 선에서 선을 내고
악한 자는 그 쌓은 악에서 악을 내나니
이는 마음에 가득한 것을 입으로 말함이니라"(누가복음 6장 45절)

진리의 말씀이다.
그러나, 21세기를 살아가는 사람들은,
말과 행동이 다를 때가 많다.
"웃고 있는데, 울고 있다."
거짓말을 하는 것이 티가 나는데, 아니라고,
"내 목숨을 걸고 다짐한다."라고 말한다.
"사랑하니까 떠난다."
"사랑해서 죽였다."
모순덩어리인 세상에서 우리는 살아간다.
나의 정체성도 모르고,
내가 누구인지도…
도대체 어떻게 살아야
잘 사는 건지도, 모른 채…

지금부터,
'성경을 통한 메이저 22장의 TAROT(타로) 이야기'를
시작해 보려 한다.

2. 'BIBLE(성경)'을 통한 'TAROT(타로)' 메이저 아르카나 (22장. '0-21') 이야기

'0-바보'

[아브람]

< 창세기 12장 1, 4절 >

1 여호와께서 아브람에게 이르시되 너는 너의 고향과 친척과 아버지의 집을 떠나 내가 네게 보여줄 땅으로 가라

4 이에 아브람이 여호와의 말씀을 따라갔고 롯도 그와 함께 갔으며 아브람이 하란을 떠날 때에 칠십오 세였더라

(참고 말씀: 창세기 11장 26-32절)

'아브람'은…

- 부모, 형제와 우애가 좋음
- 아내를 사랑함(자식이 없음)
- 아버지를 공경함
- 남동생 하란이 장가들어 롯을 낳고, 아버지 데라보다 먼저 죽음, 하란의

아들 조카 롯을 친아들처럼 보살핌
- 태어나서 75년을 살았던 고향을 떠남

  ("너는 너의 고향과 친척과 아버지의 집을 떠나" 창세기 12장 1절)

- 사랑하는 친척, 형제를 떠남
- 아버지가 살았던, 아버지의 흔적이 남아 있는 집을 떠남

  → 떠나는 것이 가능할까요?!

  그러나, 아브람은 떠났다. 확실한 목표가 생겼기에.

  아브람은 무엇을 따라간 걸까?!

아브람은 말씀을 따라갔고 (창세기 12장 2-4절)

2 내가 너로 큰 민족을 이루고 네게 복을 주어 네 이름을 창대하게 하리니 너는 복이 될지라

3 너를 축복하는 자에게는 내가 복을 내리고 너를 저주하는 자에게는 내가 저주하리니 땅의 모든 족속이 너로 말미암아 복을 얻을 것이라 하신지라

4 이에 아브람이 여호와의 말씀을 따라갔고 롯도 그와 함께 갔으며 아브람이 하란을 떠날 때에 칠십오 세였더라

- 믿음의 조상 아브람
- 약속의 말씀을 따라 떠나는 여행

참고 말씀

26 데라는 칠십 세에 아브람과 나홀과 하란을 낳았더라

27 데라의 족보는 이러하니라 데라는 아브람과 나홀과 하란을 낳고 하란은 롯을 낳았으며

28 하란은 데라보다 먼저 고향 갈대아인의 우르에서 죽었더라

29 아브람은 나홀이 장가 들었으니 아브람의 아내의 이름은 사래며 나홀의 아내의 이름은 밀가니 하란의 딸이요

30 사래는 임신하지 못하므로 자식이 없었더라

31 데라가 그 아들 아브람과 하란의 아들인 그의 손자 롯과 그의 며느리 아브람의 아내 사래를 데리고 갈대아인의 우르를 떠나 가나안 땅으로 가고자 하더니 하란에 이르러 거기 거류하였으며

32 데라는 나이가 이백오 세가 되어 하란에서 죽었더라

(창세기 11장 26-32절)

'바보/아브람'이 떠나는 새로운 여행의 시작

- 나도 몰랐던 나를 찾아 떠나는 여행
- 무모해 보이는 여행
- 그러나, 새로운 미래를 향해 떠나는 여행
- 어떤 일들이 있을지 잘 모르지만, '바보'의 여행을 응원한다
- 과거의 생활에서 새롭게 시작하는 '바보/아브람'
- 삶의 지혜엔 어떠한 것들이 필요할까?!
- 길을 가다 만나는 이들을 통해 '바보'가 원했던 것들을 얻기를 바라며…

'0-바보/아브람' = 그림 상징

* **두 팔 벌린 모습:** 긍정적이고 개방적인 자세
* **하늘을 향한 시선:** 현실보다 이상을 향한 마음의 표현
* **붉은 보따리, 옷깃의 붉은 색:** 열정
* **가벼운 짐:** 준비가 덜 된 출발, 새로운 출발
* **왼손의 흰 꽃:** 순수, 무소유
* **자유로운 옷:** 정형화(틀, 형식)에 고정되지 않은, 얽매이지 않은
* **옷 무늬의 활짝 피지 않은 석류:** 출발하는 단계임, 풍성한 열매를 기대
* **가방 안의 포도:** 풍요, 기쁨, 축복, 결과물의 풍성(하나님의 은혜와 축복, 시편 104편 15절) 상징
* **하얀 개:** 동행자, 조언자, 조력자, 영적인 순수함을 가짐
* **절벽 앞, 하얀 설산:** 가는 길이 멀고 험난
* **1/4의 태양:** 긍정의 에너지, 미완성된, 밝은 미래
* **푸른 산맥:** 도전과 성취, 회복의 새로운 시작

핵심 키워드

긍정	부정
새로운 시작, 도전, 모험, 용기, 자유, 호기심, 순수함, 모험, 설렘, 희망, 창조, 낙천적, 계산적이지 않음	무모한 시작, 준비 부족, 위험, 경솔함, 현실 도피, 불안정, 비현실적, 개념이 없다, 나태함, 불안, 방종, 미완성, 어리석음

직업/연애

직업	연애
화가, 극작가, 연예인, 예술적인 재능도 풍부, 의상 디자이너, 메이크업 아티스트, 패션업계 코디네이터, 광고 기획자, 프리랜서, 여행 가이드, 통역사, 등반가, 탐험가, 영업직에 두루 소질	* 재미있고 즐거운 연애, 구속이 아닌 자유연애 * 연애 초기 주변의 시선 별로 신경 안 씀, 매력일 수도, 불안감, 상처가 될 수도 있음 * 연애 중이라면 변화를 위한 새로운 계기나 경험 필요

금전 / 건강

금전	건강
* 좋은 편은 아님 * 돈의 지속력 약함 * 돈 욕심이 없는 * 돈에 집착하지 않는 성향 * 가진 것이 없지만, 행복한 사람 * 안정성 낮은 경향 있음 * 충동적, 즉각적 지출	* 새로운 운동과 영양소 섭취 * 새로운 치료 방법 * 건강한 습관 시작 * 만성피로, 관절, 디스크, 사고로 부상 * 위, 대(소)장, 소화기 관리 필요

'1-마법사'

[바울]

< 빌립보서 4장 11-13절 >

11 어떠한 형편에든지 나는 자족하기를 배웠노니

12 나는 비천에 처할 줄도 알고 풍부에 처할 줄도 알아 모든 일 곧 배부름과 배고픔과 풍부와 궁핍에도 처할 줄 아는 일체의 비결을 배웠노라

13 내게 능력 주시는 자 안에서 내가 모든 것을 할 수 있느니라

'바울'은…

4 나도 육체를 신뢰할 만하며 만일 누구든지 다른 이가 육체를 신뢰할 것이 있는 줄로 생각하면 나는 더욱 그러하리니

5 나는 팔일 만에 할례를 받고 이스라엘 족속이요 베냐민 지파요 히브리인 중의 히브리인이요 율법으로는 바리새인이요

6 열심으로는 교회를 박해하고 율법의 의로는 흠이 없는 자라

(빌립보서 3장 4-6절)

- 바울은 천국을 환상을 통해 보았다
- 어떻게 해야 만물을 다스릴 수 있는지 비밀을 알고 있었다
- 그러나, 그 능력을 사람을 살리는 데 사용했다
- 다 할 수 있지만, 자족하는 삶을 살았던 바울의 멋진 인생

'마법사/바울'을 통해…

- 세상 지식과 물질, 전통적 가문 등 모든 것을 가지고 있는 '마법사/바울'
- 나에게 이러한 능력이 있음을 기억하고 개발하라
- 자신을 먼저 존중하고 돌아보라
- 무엇이든 할 수 있고, 무엇이든 될 수 있다
- 하늘과 땅을 연결하는 중재자로서, 지혜로움이 필요
- 하나님이 창조하신 모든 세계 안에서, 발견하고, 재창조의 역사를 이루라
- 독창적이고, 힘과 카리스마를 갖춘 다재다능한 만능 재주꾼
- 자족하는 지혜로움이 있기를…
- 새롭게 시작하지만, 내 안에 있는 모든 능력이 있음을 기억하라

'1-마법사' = 그림 상징

* **머리띠**: 승리, 결단
* **붉은 외투, 붉은 장미**: 열정, 축복
* **흰색 옷, 흰색 백합**: 깨끗한, 순수, 순결
* **허리띠(허리에 걸친 뱀 형상의 허리띠: 우로보로스)**: 지혜, 뱀의 유혹
* **지팡이를 든 오른손은 하늘, 왼손은 땅**: 권력이 있는 매개자(창조적인 힘과 물질)

적인 세계를 연결, 소통하는)

* **식탁에 놓인 4개의 슈트(지팡이-불, 에너지, 창조성, 열정/컵-물, 감정/검-공기, 바람, 지성, 생각/펜타클-흙, 물질세계)**: 마법사는 4원소를 원하는 대로, 다재다능
* **노란색**: 지성과 지식 그리고 능력을 충분히 입증했다는 긍정의 의미

핵심 키워드

긍정	부정
재창조, 능력, 힘, 카리스마, 독창성, 매력, 다재다능, 자기 주도, 개척, 기술, 잠재 능력, 변화, 창의적, 자신감, 자기 제어, 강한 의지, 독창성, 뛰어난 언변, 손재주가 좋음	무력감, 잠재력 미활용, 자화자찬, 허세, 사기, 경험 부족, 오만, 거짓, 교활, 실수, 도박, 이기주의

직업 / 연애

직업	연애
외교관, 정치인, 창업자, 변호사, 공인중개사, 의사, 마술사, 엔터테이너, 과학자, 세일즈맨, 예술가, 마케팅 매니저, 엔지니어, 새로운 변화를 계획하기 좋은 시기	* 적극적 사랑의 시작 * 새로운 인연 * 매력적이고 언변이 좋은 사람 * 상황에 따라 마음을 숨길 수 있는 사람 * 리더십이 강한 사람 * 인기가 좋은 사람

금전 / 건강

금전	건강
* 좋은 편은 아님 * 돈의 지속력 약함 * 돈 욕심이 없는, 돈에 집착하지 않는 성향 * 현실성, 안정성 모두 낮은 경향 있음 * 충동적, 즉각적 지출 가능성 높음	* 새로운 운동과 영양소 섭취 * 새로운 치료 방법 * 건강한 습관 시작 * 도구를 다루다 일어나는 상처

'2- 고위 여사제'

[드보라]

< 사사기 4장 4-5b절 >

4 그 때에 랍비돗의 아내 여선지자 드보라가 이스라엘의 사사가 되었는데
5 이스라엘 자손은 그에게 나아가 재판을 받더라

'사사 드보라'는…

- 유일한 여사사(사사 12명)
- 왕이 없던 시대의 '사사'
- '사사'의 의미는 '재판하다, 다스리다, 구원자, 선지자, 예언자…' 역할을 함
- 한 남자의 아내(현숙한 아내)
- 기도 생활

"여호와여 주의 원수들은 다 이와 같이 망하게 하시고 주를 사랑하는 자들은 해가 힘 있게 돋음 같게 하시옵소서 하니라 그 땅이 사십 년 동안 평온하였더라"(사사기 5장 31절)

- 신앙, 믿음, 말씀 중심으로 살았던 드보라는 지혜와 강한 지도력이 있는 여인
- 드보라는 이스라엘의 영적 어미가 되었다(사사기 5장 7절)

'고위 여사제/드보라'를 통해…

- 이미 내게 있는 것이 지혜(답은 나에게 있다)
- 높은 지위를 가진 성직자
- 여자임에도 종교적, 학구적, 신비한, 중립적인, 침묵하는, 숭고하고 고결한 여사제의 모습
- 지혜롭고 신비스러우며, 차분하고 여성적
- 지적이고, 성실하고 책임감 있는, 영성 깊은 여성

'2-고위 여사제' = 그림 상징

* 지적이면서 아름다운 젊은 여인이 의자에 다소곳이 앉아 있음
* 이시스의 왕관(보름달): 고위직
* 흰옷 안의 십자가: 선악을 구별, 진리, 구원
* 손엔 두루마리 책(성경, 토라): 성직자의 모습, 지혜와 지식
* 발밑의 초승달: 감정을 잘 조절할 수 있는 상태, 신비로움, 직관적인
* 장막 속 석류 열매와 종려나무: 석류는 여성성, 원숙한 아름다움, 종려나무(대추야자)는 '하나님이 주시는 안식과 축복'을 의미, 지적·영적 풍요, 비옥함
* 장막 뒤의 강(바다): 내면의 자아 속 숨겨진 진실, 감정
* 검은색(Boaz) 기둥: '하나님 안에 힘이 있다', 어둠, 여성, 감성
* 흰색(Jakin) 기둥: '하나님이 하신다', 밝음, 남성, 이성(흑과 백의 조화, 중립)
* 남색: 남색은 신비로움과 깊은 지혜, 높은 단계의 정신적 성숙을 상징, 회복력, 고위 여사제의 내면세계와 신성한 지식을 상징

핵심 키워드

긍정	부정
중립, 지혜, 영적 직관, 통찰력, 감수성, 비밀, 순결, 공감, 신비, 지식, 고결함, 이성적, 차분함, 자기 관리, 자기 절제, 내성적, 내면(무의식)의 힘, 신중함	감정의 억눌림, 융통성 없음, 냉정함, 고독, 오해, 혼란, 비현실적 태도, 갈등, 우유부단, 스트레스, 외로움을 많이 탈 수도 있음

직업 / 연애

직업	연애
심리상담사, 선생님, 종교인, 사회복지사, 방송 연출가, 아나운서, 상담 및 교육 연구직 계통	* 신중한 연애 * 깊은 교감의 사랑 관계 * 대화가 잘 통하는 * 비밀스러운 연애 * 이해심이 많은 관계

금전 / 건강

금전	건강
* 절제 * 안정적 * 돈의 소비에 대한 신중함 * 변함없는 상태 유지 * 특별한 이익이 없는 상황	* 자기 관리 잘 함 * 건강함 * 간, 담낭 관리 * 우울증, 신경쇠약

'3-여황제'

[에스더]

< 에스더 2장 17-18a절 >

17 왕이 모든 여자보다 에스더를 더 사랑하므로 그가 모든 처녀보다 왕 앞에 더 은총을 얻은지라 왕이 그의 머리에 관을 씌우고 와스디를 대신하여 왕후로 삼은 후에
18 왕이 크게 잔치를 베푸니 이는 에스더를 위한 잔치라

(참고 말씀: 요한계시록 12장 1절)

'에스더'는…

- 고아, 포로 신분, 이국땅에서 태어남, 삼촌 모르드개와 생활
- 자신의 영예를 백성을 위해 사용했던 왕후

15 에스더가 모르드개에게 회답하여 이르되
16 당신은 가서 수산에 있는 유다인을 다 모으고 나를 위하여 금식하되 밤낮 삼 일을 먹지도 말고 마시지도 마소서 나도 시녀와 더불어 금식한 후에 규례를 어기고 왕에게 나아가리니 죽으면 죽으리라

(에스더 4장 15-16절)

- 자기 민족을 지킨 여왕
- 풍요, 여유로움, 안정, 나눔, 아름다움, 부드러움, 결단

'여황제/에스더'를 통해…

- 높은 지위와 권력
- 여성의 지혜와 힘, 어머니로서의 육체적, 정신적 풍성함
- 나만을 위한 것이 아니라, 다른 사람, 백성을 위해 나눔
- 여성성도 강해서 사랑도 많이 받음
- 따뜻함과 온화함도 지닌 여인, 그러나, 합당하지 않은 사람에게는 매우 냉정함, 결단력

참고 말씀

"하늘에 큰 이적이 보이니 해를 옷 입은 한 여자가 있는데 그 발 아래에는 달이 있고 그 머리에는 열두 별의 관을 썼더라"(요한계시록 12장 1절)

- **'그 발 아래에는 달이 있고'**: '메이저 2번 고위 여사제'
- 성경에서 '해, 달, 별'은 영원히 빛나는 것처럼, 하나님의 영광이 하나님의 백성들에게 영원히 함께하심을 표현
- **'열두 별의 왕관'**: 1년 12달(주기 순환)로, 성경에서 '12'란 숫자는 구약의 12지파, 신약의 열두 사도를 연상시키는 숫자로서, 영광스러운 자, 선택 받은 자들을 표현

'3-여황제' = 그림 상징

* **오른손에 든 홀, 12개의 별이 있는 왕관:** 여성성을 가진 절대적 지위, 권력, 힘
* **초록색의 월계관:** 성공, 결실
* **석류 그림의 화려한 옷:** 풍요, 임신, 다산, 여성성, 원숙한 아름다움
* **진주 목걸이:** 여성성, 순수함
* **왼손은 무릎 위에:** 여유로움, 안정
* **붉은색의 천이 덮인 보좌:** 열정, 물질적 풍요, 안락
* **하트 모양(방패) 안의 '우(앙크)', 붉은색의 베개:** 여성스러움, 아름다움, 사랑
* **흐르고 있는 계곡물:** 여성의 감성이 풍부한 상태
* **우거진 숲과 나무:** 나 혼자만 누리는 것이 아닌, 주위 사람들도 함께 돌보고, 섬김
* **익은 곡식:** 1년 내내 풍요로움, 생명력, 비옥함
* **초록색:** 균형과 조화의 상징, 자연에서 느껴지는 에너지 전달, 마음의 평안, 생명력, 마음 정화, 유연성, 내적 안정과 외적 관계 조화

핵심 키워드

긍정	부정
풍요, 안정, 풍족한, 편안함, 여유로운, 우아한 생활, 설득력, 사랑, 아름다움, 포용력, 모성애, 권위, 현 상태에 만족, 따뜻함, 감정과 이성, 매력 넘침, 베풂, 여성스러움	나태함, 게으름, 이기주의, 자만, 사치, 욕심, 교만

직업 / 연애

직업	연애
가정주부, 사회사업가, 제과·제빵사, 사회복지사, 디자이너, 요양보호사, 교사, 수의사, 기업가, 헤어 디자이너, 작가, 뷰티 관련 직종, 음악가, 심리상담사, 자연치유사, 강사(명상, 요가)	* 안정적이고 풍요로운 관계 * 믿음과 신뢰 * 상호 의존적인 관계 * 결혼에도 좋음 * 성숙한 통제력과 균형 유지 * 자연스러운 진행

금전 / 건강

금전	건강
* 매우 좋은 편 풍요로움, 여유로움, 안정적, 안정된 수입원, 지혜롭게 관리 * 융통성 있게 수입, 지출 * 금전 관리를 활용하는 데 통찰력과 창의성 필요	* 여성의 자궁 쪽, 유방 쪽 관리 * 임신 소식 * 치유 * 비만

'4-황제'

[사울왕]

< 사무엘상 11장 15절 >

15 모든 백성이 여호와 앞에서 사울을 왕으로 삼음

< 사무엘상 14장 47절 >

47 사울이 이스라엘 왕 위에 오른 후에 사방에 있는 모든 대적 곧 모압과 암몬 자손과 에돔과 소바의 왕들과 블레셋 사람들을 쳤는데 향하는 곳마다 이겼고

'사울왕'의 마음(다윗이 블레셋과의 전쟁 승리 후)

7 여인들이 뛰놀며 노래하여 이르되 사울이 죽인 자는 천천이요 다윗은 만만이로다 한지라

8 사울이 그 말에 불쾌하여 심히 노하여 이르되 다윗에게는 만만을 돌리고 내게는 천천만 돌리니 그가 더 얻을 것이 나라 말고 무엇이냐 하고

9 그날 후로 사울이 다윗을 주목하였더라

(사무엘상 18장 7-9절)

9 사울이 손에 단창을 가지고 그의 집에 앉았을 때에 여호와께서 부리시

는 악령이 사울에게 접하였으므로 다윗이 손으로 수금을 탈 때에

10 사울이 단창으로 다윗을 벽에 박으려 하였으나 그는 사울의 앞을 피하고 사울의 창은 벽에 박힌지라 다윗이 그 밤에 도피하매

11 사울이 전령들을 다윗의 집에 보내어 그를 지키다가 아침에 그를 죽이게 하려 한지라

(사무엘상 19장 9-11a절)

'황제/사울왕'을 통해…

- 자수성가
- 국가의 아버지이자 한 가정의 아버지(가부장적)
- 완고하기에 타협을 모르는 고지식하고 보수적인 왕
- 조금은 긴장감에서 벗어난다면 더 행복할 텐데…
- 나의 주장이 강압적이진 않은지 생각
- 겸손과 객관적 관찰 필요

'4-황제' = 그림 상징

* **황제의 곁눈질:** 불안감, 감시, 의심, 불안
* **흰 수염:** 오랜 세월 풍부한 지혜와 경험, 연륜, 성숙함, 보수성
* **붉은 노을, 붉은 돌산 산맥:** 황제의 열정의 열매(자수성가), 황제의 통제, 험난한 역경을 통한 변하지 않는 안정감과 강한 의지
* **붉은 황제 갑옷, 철군화:** 보호와 강인함 상징, 감정을 드러내지 않는 면모, 언제라도 전쟁에 나갈 태세, 경계심 많음(긴장감)

* **황금색의 왕관:** 권위, 부와 권력
* **오른손엔 황금 앙크 십자가 지휘봉:** 이집트의 상용 문자로 영원한 생명, 권력, 힘(권위적이고 보수적인 성격)
* **왼손엔 보주:** 권위와 지배, 권력, 주권, 카리스마
* **얇은 물줄기:** 이성적, 통치자의 마음(감정) 상태, 이해심, 배려심 부족함
* **대리석으로 만든 사각형의 왕좌:** 단단한 기반과 강한 힘, 통제, 견고함, 안정성
* **염소 머리 문양:** 승부욕, 결단력, 리더십, 지혜, 고집(책임감)
* **붉은색:** 힘과 에너지, 열정과 욕망, 행동과 결단

핵심 키워드

긍정	부정
절대적인 힘, 통솔력, 카리스마, 리더십, 자수성가, 야망, 단호한, 질서, 능력, 합리적인, 이성적인, 보수적, 남성적, 책임감, 성실함, 논리적, 현실적 가치 중시, 안정성 지향, 지도자로서의 진취적 역할	스트레스, 고지식, 남의 말 듣지 않음, 외로움, 의무감, 자만심, 오만, 교만, 불안감, 경계심, 변화 거부, 경직, 독단적인, 고집 센, 가부장적인, 의심, 집착(의처증, 의부증), 융통성 X, 완고한

직업 / 연애

직업	연애
CEO, 군인, 경찰, 소방관, 컴퓨터 프로그래머, 검사, 정치인, 법관, 고위 간부, 부동산업자, 은행원, 사업가, 비행기 조립 기술자, 공무원, 출판 기획자, 드론 조종사, 건축사, 안정적인 직업	* 능력 있는 남자와의 만남 * 진지한 만남의 관계 * 안정적이고 보호받는 사랑 * 경제적으로 안정된 상대 * 보수적인, 가부장적인 상대

금전 / 건강

금전	건강
* 크게 벌지도 잃지도 않음 * 보수적인 투자와 재무 관리 * 자족하는 생활 * 재정은 안정적 * 계획적인 재정 관리	* 규칙적인 운동 습관 필요 * 폐, 소장, 신장, 방광 쪽 건강 관리 * 정신적, 육체적 균형 관리

'5-교황'

[베드로]

< 마태복음 16장 18-19절 >

18 내가 네게 이르노니 너는 베드로라 내가 이 반석 위에 내 교회를 세우리니 음부의 권세가 이기지 못하리라
19 내가 천국 열쇠를 네게 주리니 네가 땅에서 무엇이든지 매면 하늘에서도 매일 것이요 네가 땅에서 무엇이든지 풀면 하늘에서도 풀리리라

'베드로'의 마음…

19 말씀하시되 나를 따라오라 내가 너희를 사람이 낚는 어부가 되게 하리라 하시니
20 그들이 곧 그물을 버려 두고 예수를 따르니라

(마태복음 4장 19-20절)

61 주께서 돌이켜 베드로를 보시니 베드로가 주의 말씀 곧 오늘 닭 울기 전에 네가 세 번 나를 부인하리라 하심이 생각나서
62 밖에 나가서 심히 통곡하니라

(누가복음 22장 61-62절)

'교황/베드로'를 통해…

- 진리, 지혜, 신념, 열정과 절제, 전통, 멘토, 영적 가르침을 상징
- 신성한 권위와 영적 리더십을 가지고, 인간과 신성한 세계를 연결하는 다리 역할
- 이성과 감성의 조합
- 신성한 지식, 교사의 역할을 하며, 우리에게 규범과 가치를 배우도록 격려함

'5-교황' = 그림 상징

* **성직자의 의복(빨강, 파랑, 흰색):** 신성한 권위와 영적 리더십
* **삼중 왕관:** 영적 권위, 신성한 진리(육체적, 정신적, 영적 세계의 조화로움, 하나됨)
* **위로 향한 세 손가락(오른손):** 하늘의 진리를 전하는 축복의 손짓
* **왼손엔 삼중 십자가 홀:** 삼위일체, 교황권
* **두 개의 열쇠:** 천국의 문을 닫고, 여는 열쇠(인간의 두 마음), 물질과 정신의 균형
* **두 명의 사제:** 영적 지혜와 사모함으로 가르침을 받는 제자, 지시를 따르는 사제
* **사제의 옷(붉은 장미, 백합):** 열정, 순수함으로 배우는 자세
* **회색 두 기둥:** 전통과 안정성, 중립, 무의식, 편견이 없는, 신비하고 비밀스러운, 고요하고 안정적인
* **'숫자 3(삼중 왕관, 삼중 십자가 홀, 3사람)':** 연합, 협동, 연결, 공동체

핵심 키워드

긍정	부정
가르침, 신성, 타협, 지혜, 결정, 신중한, 신뢰가 가는, 체계적인, 중재자, 질서 있는, 협력자, 내면의 힘, 협동, 완벽함, 완고함, 책임감, 원칙주의자, 지식 풍부, 도덕, 신앙, 전통, 영적 지도	고지식함, 고집, 갈등, 혼란, 보수적인, 결단력 상실, 남의 말 듣지 않음

직업 / 연애

직업	연애
교사, 성직자, 심리상담사, 대학교수, 세무사, 변호사, 판사, 투자 분석가, 상담 관련, 교육, 학문과 관련된 직종, 조언, 가르침에 관련된 직종	* 연애가 즐겁지는 않음 * 리더형 상대를 만나야 함 * 가벼운 연애는 아님 * 마음은 따뜻한데, 표현 잘 못함

금전 / 건강

금전	건강
* 강한 금전 * 안정적인 금전 상황 * 지혜로운 투자와 재무 관리 * 검소하고 손실을 최소화	* 신경쇠약, 불안증, 강박증, 심장 질환, 고혈압, 불면, 여유 필요, 심장, 뇌, 안과, 동맥류 * 규칙적인 운동과 식습관 유지 관리

'6-연인'

[아담과 하와]

< 창세기 2장 18, 24-25절 >

18 여호와 하나님이 이르시되 사람이 혼자 사는 것이 좋지 아니하니 내가 그를 위하여 돕는 베필을 지으리라 하시니라

24 남자가 부모를 떠나 그의 아내와 합하여 둘이 한 몸을 이룰지로다

25 아담과 그의 아내 두 사람이 벌거벗었으나 부끄러워 아니하니라

(참고 말씀: 창세기 2장 9, 16-17절)

'연인/아담과 하와'를 통해…

- 천사가 도와주는 사랑의 관계
- 사랑한다고 꼭 같은 시선으로 바라보는 것은 아니다
- 인간관계는 중요하다, 같은 방향을 맞춰서 바라보든, 다른 시선을 인정해 주든, 사랑하는 마음은 변함이 없다
- 사랑을 하면, 시기와 질투를 내는 대상이 생긴다, 속지 말고, 흔들리지 말라
- 서로의 마음은 이미 하나이니…

참고 말씀

9 여호와 하나님이 그 땅에서 보기에 아름답고 먹기에 좋은 나무가 나게 하시니 동산 가운데에는 생명나무와 선악을 알게 하는 나무도 있더라
16 여호와 하나님이 그 사람에게 명하여 이르시되 동산 각종 나무의 열매는 네가 임의로 먹되
17 선악을 알게 하는 나무의 열매는 먹지 말라 네가 먹는 날에는 반드시 죽으리라 하시니라

(창세기 2장 9, 16-17절)

'6-연인' = 그림 상징

* **(라파엘)천사:** 치유, 영적인 깨달음, 신성한 보호, 축복의 천사(요한복음 5장 4절, 베데스다 연못)
* **태양 빛:** 생명력과 활력, 밝은 에너지, 희망, 새로운 시작과 축복
* **1/2 태양:** 사랑은 현재 진행형
* **벌거벗은 남녀:** 순수함, 진실성, 서로 그 모습 그대로 받아들이는 사랑[내 뼈 중의 뼈요, 살 중의 살이라(창세기 2장 23절)]
* **선악과, 과실이 있는 열매:** 여성성, 아름다움, 풍요, 지혜의 열매
* **생명나무, 12개의 불꽃나무:** 남성성, 영원한, 열정, 영적인 깨달음, 주기적 변화와 성장, 영원한 삶을 주는 나무
* **뱀:** 유혹, 위험, 간교
* **녹지의 땅:** 풍요로움, 생명력, 자연과의 완전한 조화와 연결
* **붉은 산:** 열정과 도전, 인생에서 마주하는 장애물과 성취

* **남자가 여자를 바라봄:** 이성과 감성 차이, 인간적 사랑과 헌신, 관계의 상호작용과 이해
* **여자가 천사를 바라봄:** 영적 연결과 더 높은 차원의 지혜 추구
* **보라색 날개:** 보라색은 빨강과 파랑, 이성과 감성, 직관, 통찰, 상상력, 관용, 우아함, 품위, 화려함, 신비스러운

핵심 키워드

긍정	부정
사랑, 관계 중심, 감성적, 조화, 기쁨, 낙천적 공감, 사교적, 결혼, 만남, 아름다움과 풍요로움, 보살핌, 균형, 설렘, 좋은 인연, 헌신, 극복, 선택과 책임, 영적 연결	불안, 유혹, 선택 고민, 갈등 해소의 필요, 결합의 어려움, 의심, 구속, 육체적 사랑, 후회, 불만, 분열, 외도, 애착, 경계

직업 / 연애

직업	연애
헤어 디자이너, 연예인, 예술가, 웹툰 작가, 방송인, 안무가, 영업, 상담 치료사, 교사, 강사, 서비스직, 명상가, 파트너십 중심의 신중한 진로	* 연애, 만남, 결혼, 재혼 등에 매우 긍정 * 미래에 대한 진정한 감정과 신뢰를 기반으로 한 결정이 필요 * 서로 존중, 입장 이해 * 서로에 대한 지원과 안정 * 관계 중심, 사랑과 이해

금전 / 건강

금전	건강
* 함께하는 경제적 결합 모델 * 돈을 확실히 벌지만, 돈의 유지성은 약한 편 * 재정적인 결정을 앞둔 상태 * 이성적인 판단과 신중함 요구 * 지출 시 신중한 선택	* 어깨, 목, 팔, 기관지, 화상, 피부병, 정신분열 * 건강과 관련하여 중요한 선택을 해야 하는 시기(일상생활의 개선) * 치료와 상담이 필요하다면 미루지 말고 행동으로 임할 때

'7-전차'

[다윗]

< 사무엘상 18장 30절 >

블레셋 사람들의 방백들이 싸우러 나오면 그들이 나올 때마다 다윗이 사울의 모든 신하보다 더 지혜롭게 행하매 이에 그의 이름이 심히 귀하게 되니라

'전차/다윗'을 통해…

- 기독교, 유대교, 이슬람교가 인정하는 왕의 이름 '다윗'
- 1-6번 카드의 모든 조건을 갖춘 전사처럼 지혜와 총명으로 나아간 다윗은 전쟁에서 언제나 승리
- 확실한 하나의 목표를 가지고 전진하라, 반드시 승리하리라
- 속도보다 방향
- 마음에 정한 것이 있다면 결단력 있게 나아가는 추진력
- 기사는 월계관은 쓰지만, 왕관은 쓰지 않는다 (다윗왕)

참고 말씀

20 그 후에 선지자 사무엘 때까지 사사를 주셨더니
21 그 후에 그들이 왕을 구하거늘 하나님이 베냐민 지파 사람 기스의 아들 사울을 사십 년간 주셨다가
22 폐하시고 다윗을 왕으로 세우시고 증언하여 이르시되 내가 이새의 아들 다윗을 만나니 내 마음에 맞는 사람이라 내 뜻을 다 이루리라 하시더니

(사도행전 13장 20-22절)

45 다윗이 블레셋 사람 골리앗에게 이르되 너는 칼과 창과 단창으로 내게 나아 오거니와 나는 만군의 여호와의 이름 곧 네가 모욕하는 이스라엘 군대의 하나님의 이름으로 네게 나아가노라

(사무엘상 17장 45절)

'7-전차' = 그림 상징

* **오른손에 든 홀:** 결단력, 통솔력, 추진력, 강한 의지, 지휘자, 지혜, 진리('1')
* **어깨의 초승달 장식:** 희망, 가능성, 중립('2')
* **팔각성 왕관, 월계관:** 권위와 통치, 균형, 행운, 방향성, 신성한 질서, 조화, 높은 지위와 권력, 명예, 승리('3')
* **돌로 된 (사각형)전차를 모는 인물:** 1-6의 카드의 조건을 갖춘 왕의 당당함, 강인한 의지와 통제력(감춘다: 내면, 외면의 것), 개척자의 모습으로 서 있다('4')
* **가슴의 □:** 판결(신의 뜻을 물어 신의 판결을 따른다는 의미), 우림(빛)과 둠밈(완전함)을 넣은 주머니(제사장-레위기 8장 8절, 스가랴 2장 63절, '5')
* **흑백 스핑크스:** 검은색(부정적, 무의식, 어둠), 흰색(긍정적, 의식, 빛), 삶의 대립적 요소('6')
* **갑옷:** 전투 준비, 도전에 대한 보호, 방어, 카리스마
* **허리띠:** 왕들의 벨트(수장만 할 수 있음)
* **날개 달린 원반(태양):** 태양과 두 날개가 활짝 펴진 상태, 긍정적인 에너지, 결정적 상황
* **전차 앞의 팽이:** 음과 양의 수평, 균형, 중심, 팽이가 잘 돌도록
* **별장식:** 영적 인도와 보호, 안정
* **도시와 강:** 이루어 놓은 과거(도시)와 현재의 감정적 흐름(강)을 뒤로하고 전진
* **노란색 바탕:** 행복, 활력, 경계, 결단의 시기, 직관, 통찰력, 자신감, 열정

핵심 키워드

긍정	부정
도전, 결단, 강한 의지, 자기 통제, 리더십, 카리스마, 행동력, 성취, 목표 지향적, 전진, 승리, 새로운 시작, 집중력, 진보, 개척, 야망, 명예, 자신감, 자기 주도적, 추진력, 강한 정신력	결단력 상실, 무모함, 미숙함, 경솔함, 방황, 충돌, 갈등, 타협 부족, 난관, 자기 과신, 통제 상실, 충동적

직업 / 연애

직업	연애
파일럿, 항해사, 경찰, 유통 관련 직업, 운동선수, 여행 관련 직업, 자동차 관련 직업, 개인 사업, 직장 내에서 큰 성과, 경쟁에서 승리, 활동적이고 목표 지향적, 자기 주도적 직종	* 주도권을 가지고 이끌어 가는 연애 * 독단적인 행동으로 인해 갈등이 심화될 수 있음 * 균형 잡힌 연애 가능 * 연애에 큰 진전이 있을 수도(연애에서 결혼이나 동거)

금전 / 건강

금전	건강
* 재정 목표를 분명히 하고 결단력 있게 행동한다면 금전적 성과 거둘 수 있음 * 돈을 모을 시간 없음 * 하고 싶은 거, 먹고 싶은 거, 사고 싶은 거 다 해야 함 * 지출과 수입의 균형 필요	* 교통사고, 근육통, 풍토병 등 * 규칙적 운동 * 자기 몸 관리 잘 함 * 건강한 상태를 유지할 수 있으며 특히 체력적으로 좋은 시기

'8-힘'

[술람미 여인]

< 아가서 6장 8-10절(솔로몬이 사랑했던 여인) >

8 왕비가 육십 명이요 후궁이 팔십 명이요 시녀가 무수하되

9 내 비둘기, 내 완전한 자는 하나뿐이로구나 그는 그의 어머니의 외딸이요 그 낳은 자가 귀중하게 여기는 자로구나 여자들이 그를 보고 복된 자라 하고 왕비와 후궁들도 그를 칭찬하는구나

10 아침 빛 같이 뚜렷하고 달같이 아름답고 해같이 맑고 깃발을 세운 군대같이 당당한 여자가 누구인가

'힘/술람미 여인'을 통해…

- "온유한 자는 복이 있나니 그들이 땅을 기업으로 받을 것임이요"(마태복음 5장 5절)
- **온유한 자**: 하나님을 높이는 겸손한 태도, 이웃에 대하여는 허물을 항상 덮어 주고 선의와 화평을 구하는 아름다운 마음(샤론)
- 정신의 힘, 외유내강. 인내, 온화, 자연의 흐름과 조화

- 자기 자신과 타인을 이해하고 감정을 조율하는 능력
- 물리적인 강함을 넘어, 감정 조절, 자기 통제, 창의력 사고, 지속적 관계를 통해 내면의 진정한 힘을 발견하는 부드럽지만 강력한 리더십과 조화를 이루는 삶의 중요성 강조

'8-힘' = 그림 상징

* **여인 머리의 뫼비우스:** 무한한 잠재력, 영적인 힘
* **여인의 표정:** 평온, 미소 띤 여유로움
* **여인의 위아래 손:** 의식과 무의식
* **머리와 허리에 꽃으로 만든 화관과 벨트:** 생명력, 아름다움, 연민, 성공, 결실, 치유, 여성의 부드러움과 온화함
* **흰 드레스:** 순수함, 용기, 내면의 힘, 완벽, 초월적인
* **사자의 턱과 이마를 만지며 눈을 마주 봄:** 부드러움과 강인함의 조화
* **꼬리를 숨긴 사자, 혀를 내밀고 여자를 바라봄:** 본능적인 힘, 용기, 열정, 내적 욕망, 야성적인 힘이 있지만, 이것을 이해하고 조화롭게 다스리는 능력
  (즉, 자신의 본능과 욕망을 인정하고 통제함으로써 더 큰 힘을 얻을 수 있는 능력)
* **산, 녹색 들판:** 녹색은 성장, 풍요, 조화, 자연의 섭리에 순응하며, 내면의 힘을 얻어 어려움을 극복하고 인내하며 성장
* **노란색:** 온화, 부드러운 힘, 강한 긍정 에너지

핵심 키워드

긍정	부정
내면의 힘, 외유내강, 용기, 인내, 지혜, 카리스마, 담대함, 온화함, 성실, 강인함, 절제, 숙성됨, 조화, 기쁨, 영광, 끈기, 만족, 행복, 의지력 있는, 헌신, 부드러운, 속이 깊은, 자기 통제를 통한 성숙	힘든 과정, 자제력의 상실, 이중성, 내면의 불안과 무력감, 편견, 외로움, 고집이 센, 비겁함, 강요와 충돌, 부적절한 표출, 불안

직업 / 연애

직업	연애
조련사, 운동선수, 트레이너, 간호사, 통역사, 항공기 조종사, 수의사, 건강 관리사, 유아 교사, 미용사 * 인내 뒤 기회가 찾아옴 * 일을 잘 성공시킴	* 상대방을 이해함 * 관계를 주도함 * 활발한 연애의 뜻은 아님 * 기다리는 연애 * 누구와도 친밀함 * 잘 풀리는 연애 * 신뢰하고 배려하는 사랑

금전 / 건강

금전	건강
* 안정적인 재정 증가 * 돈이 여유로움 * 재산 관리를 잘 함 * 장기적인 투자를 하는 것이 좋음	* 심장 질환, 고혈압, 치아 관련, 위생 관련, 디스크, 관절 근육 관련 질병 조심 * 움직이는 운동 같은 새로운 건강 습관 필요

'9-은둔자'

[엘리야]

< 열왕기상 19장 9, 11a-12절 >

9 엘리야가 그곳 (호렙산) 굴에 들어가 거기서 머물더니 여호와의 말씀이 그에게 임하여 이르시되 엘리야야 네가 어찌하여 여기 있느냐

11 여호와께서 이르시되 너는 나가서 여호와 앞에서 산에 서라 하시더니

12 또 지진 후에 불이 있으나 불 가운데에도 여호와께서 계시지 아니하더니 불 후에 세미한 소리가 있는지라

'엘리야'는…

- 구약의 위대한 선지자 중 최고의 선지자, 신약엔 세례요한: 그는 털옷을 입고 허리에 가죽 띠를 띠고 있었다 (열왕기하 1장 8절, 마태복음 3장 1-12절)
- 바알의 선지자 사백오십 명과 아세라의 선지자 사백 명을 갈멜 산으로 모아 내게로 나아오게 하소서 (산에서 은둔)
- 엘리야가 갈멜 산 꼭대기로 올라가서 땅에 꿇어 엎드려 그의 얼굴을 무릎 사이에 넣고 (열왕기상 18장 42절)

- 그는 백성뿐 아니라, 국가 지도자들, 영적 지도자들, 제자들… 많은 이에게 영향력을 끼쳤다.
- 그는 죽음을 보지 않고 천국으로 올라갔으며(열왕기하 2장)
- 그는 예수님과 모세와 함께 이야기도 나누었다(마태복음 17장 1-8절)
- 한 가지에만 집중한 선지자, '엘리야'='세례요한'(마태복음 11장 14절)

'은둔자/엘리야'를 통해…

- 세상의 빛과 소금으로의 삶
- 자신을 알고, 그렇게 살았던 엘리야, 끊임없는 자기 성찰
- 타인에게 진리를 전할 때, 더욱 밝게 빛난다
- "나는 누구인가?"를 깨달을 때, 진정한 삶이 시작된다
- 스스로 고독을 선택한 은둔자, 엘리야
- 산에서 사는 것은 아니다, 세상에서 영향력을 주는 사람

'9-은둔자' = 그림 상징

* **고개 숙인 채 감겨 있는 눈:** 내면에 집중
* **회색 옷(망토):** 중립성과 지혜, 무소유, 침묵, 신비함
* **흰머리, 흰 수염:** 오랜 경험을 통해 얻은 지혜를 바탕으로 한 진리, 연륜, 권위
* **긴 지팡이:** 내적인 힘, 깨달음의 시간, 내면의 여정에서 필요한 지원과 안정감, 지탱할 수 있는 역할을 상징
* **육각별 빛의 등불:** 희망과 영감, 내면의 길을 찾음, 지혜와 진리, 인도,

어둠 속에서 길을 밝혀 줌
* **설산:** 힘듦과 어려움을 발밑에(정상), 내면의 탐구가 순수함과 깨끗함에서 시작, 깊은 통찰과 깨달음을 얻은 상태, 설산은 혼자서 깊은 성찰과 깨달음을 얻기 위해 외부 세계와 단절된 장소로 향함(자기 성찰에 대한 도전과 성취)
* **푸른색 배경:** 영성과 직관
* **노란 등불:** 지식을 통한 긍정적 영향력(지혜)

핵심 키워드

긍정	부정
깨달음, 내적 자기 성찰, 집중력, 고요, 지혜, 인내, 내면 탐구, 자기 계발, 과묵한, 근면 성실한, 성숙, 멘토, 심사숙고, 신중함, 특정 분야 집중, 도덕적, 묵상, 영향력, 담대한	외로움, 외골수, 고집이 센, 표현 잘 못함, 감정 억제, 대화 필요, 소통의 어려움, 현실성이 없는, 융통성 없는, 시골 성향, 경계심 많은

직업 / 연애

직업	연애
종교인, 역사가, 약사, 농업인, 대학교수, 가상 현실 전문가, 바둑 기사, 양궁 선수, 연구원, 학자, 철학, 심리, 종교 분야, 혼자 하는 전문 분야	* 연애 중이어도 혼자 있고 싶어 함 * 집돌이, 집순이, 연애가 어려운 스타일 * 정신적인 사랑 * 운명적인 사랑을 만났다면 기다려 주는 연애, 상대는 어려울 수도

금전 / 건강

금전	건강
* '무소유' * 재물도 없지만, 재물, 사업, 돈을 추구하지 않음 * 현실적으로 경제적 어려움 * 물질이 있다면, 계획적으로 불필요한 지출 줄임 * 투자를 한다면 장기적으로 함	* 자기 관리 필요 * 시력장애, 노화, 치매, 우울증 * 젊은 분들이 이 카드가 나오면 건강은 좋지 않은 상태(건강 관리 체크, 진단)

'10-운명의 수레바퀴'

[모세]

< 출애굽기 2장 10a절 >

10 그 아기가 자라매 바로의 딸에게로 데려가니 그가 그의 아들이 되니라-왕자

< 신명기 34장 7, 6절 >

7 모세가 죽을 때 나이 백이십 세였으나 그의 눈이 흐리지 아니하였고 기력이 쇠하지 아니하였더라

6 벳브올 맞은편 모압 땅에 있는 골짜기에 장사되었고 오늘까지 그의 묻힌 곳을 아는 자가 없느니라-영적 지도력

'운명의 수레바퀴/모세'를 통해…

- '모세' 인생 120년

    40년: 애굽 왕자(세상 지도자)

    40년: 양치기(훈련, 인내, 성숙, 성장)

    40년: 출애굽(영적 지도자)

- 인생의 전환점을 통해 배우고, 또 다른 나를 찾아 떠나는 인생 여행
- 환경이 바뀌면 두려움부터 오는 것이 당연하다, 그때, 선택은 각자의 몫, 나락으로 빠질 것인가?! 새로운 기회로 볼 것인가?!
- 멋진 인생 라이프의 파도타기를 즐겨라

'10-운명의 수레바퀴' = 그림 상징

* 두루마리 말씀을 보고 있는 날개 달린 사람, 독수리, 황소, 사자: 하나님의 성품, 지혜와 지식, 하나님의 창조 질서와 주권의 완전성(겔 1:1-28 '여호와의 보좌')

  - 사자: 불(지팡이), 왕권, 열정, 용기, 권력(마태)
  - 사람: 물(컵), 감정, 직관, 창의성, 인류(누가)
  - 독수리: 공기/바람(검), 하늘, 지혜, 영감(요한)
  - 황소: 땅(펜타클), 봉사, 안정, 인내, 풍요(마가)

* 수레바퀴 안의 글자들

  - TORA: 유대교 경전(모세오경)
  - TARO: 새로운 시작, 승리
  - ROTA: 수레바퀴
  - יהוה(히브리 문자, YHWH): 하나님: 신의 섭리

* **연금술 기호:** 변화와 변형을 상징, 경험을 통해 변화하고 성장
* **검을 든 스핑크스:** 힘과 지혜, 검은 진리와 공정함 상징, 운명의 휠은 원칙에 따라 회전
* **하늘에 있는 노란 뱀:** 공포, 방해, 유혹, '하락', 뱀이 허물을 벗고 새롭게 시작하듯, 변화를 두려워 말고 성장 발전하는 기회로
* **아누비스:** 죽은 자를 인도, 생명의 순환과 변화의 상징, '상승'
* **푸른 하늘과 회색의 구름 배경:** 운명의 수레바퀴(겔 1:16)
  - 어느 방향이든 자유롭게 움직일 수 있는 완전한 이동성(움직이는 대로), 하늘에서 돌아가고 있음
  - 운명과 변화는 인간의 한계를 넘어서는 것

핵심 키워드

긍정	부정
운명, 호기심, 변화, 이동, 도전, 행운, 순환, 우연히, 전환점(기존의 상황을 바꾸고 새로운 시작)	반복, 제자리, 지루함, 고민, 나쁜 결과, 방황, 도중에 중지, 주변 카드 중요

직업 / 연애

직업	연애
재활 치료사, 천문가, 의사, 도서관 사서, 만화가, 생물학자, 유전 공학자, 천문학자, 극작가, 평론가, 역사학자, 발명가, 광고 기획자, 조리사, 건축가, * 사업, 직장, 일 잘 풀림 * 유학, 해외 출장	* 운명의 이성을 만남 * 결혼에 강한 긍정 * 이상형 만남 * 다시 시작하는 * 변화해야 하는

금전 / 건강

금전	건강
* 돈의 순환, 확장 * 끝이 보이는 경제적인 문제 * 뜻밖의 금전(ex. 빌려준 돈 받음)	* 건강의 변화(좋았었다면 질병이 생길 수도, 질병이 있었다면 건강 회복) * 피부, 체중 관리 * 평소 생활, 식습관 관리 중요

'11-정의'

[솔로몬]

< 열왕기상 3장 9-13절(솔로몬의 기도) >

9 누가 주의 이 많은 백성을 재판할 수 있사오리이까 듣는 마음을 종에게 주사 주의 백성을 재판하여 선악을 분별하게 하옵소서

10 솔로몬이 이것을 구하매 그 말씀이 주의 마음에 든지라

12 내가 네 말대로 하여 네게 지혜롭고 총명한 마음을 주노니 네 앞에도 너와 같은 자가 없었거니와 네 뒤에도 너와 같은 자가 일어남이 없으리라

13 내가 또 네가 구하지 아니한 부귀와 영광도 네게 주노니 네 평생에 왕들 중에 너와 같은 자가 없을 것이라

'솔로몬'은…

* 솔로몬의 재판(지혜)

열왕기상 3장 24a, 25절

24 칼을 내게로 가져오라

25 왕이 이르되 산 아이를 둘로 나누어 반은 이 여자에게 주고 반은 저 여자에게 주라

* 지혜의 서(잠언), 전도서를 쓴 솔로몬

전도서 12장 13-14절

13 일의 결국을 다 들었으니 하나님을 경외하고 그의 명령들을 지킬지어다 이것이 모든 사람의 본분이니라

14 하나님은 모든 행위와 모든 은밀한 일을 선악 간에 심판하시리라

'정의/솔로몬'을 통해…

- 지혜와 총명으로 심판했던 솔로몬
- 칼이라는 결단(진리인 말씀)을 통해, 치우치지 않고 저울로 옳고 그름을 판단 "하나님의 말씀은 살아 있고 운동력이 있어 좌우에 날 선 어떤 검보다도 예리하여 혼과 영과 관절과 골수를 찔러 쪼개기까지 하며 또 마음의 생각과 뜻을 판단하나니"(히브리서 4장 12절)
- "모든 상황 속에서 정의로움과 판단력은 최고의 무기가 될 수 있다, 그러나 사랑하는 이들에겐 따뜻한 햇살이 비추고 있듯, 따사로움으로 대하기 바라며 술람미 여인을 사랑했던 것처럼"(아가서 6장 9-10절)
- 수비학적 "11=1+1=2 (메이저 '여사제') 카드의 의미"

'11-정의' = 그림 상징

* **왕관:** 화려하지 않지만, 가운데 '□'(메이저 7번, '판결': 하나님의 지혜)를 새긴 왕관 쓴 젊은 왕, 권력, 힘
* **붉은 옷과 초록색의 가운, '□':** 열정과 차분함, 권위, 하나님의 말씀(진리)
* **오른손엔 칼:** 이성, 단호함, 결단과 실행력, 정확하고 냉정한 판단
* **왼손엔 저울, 두 기둥:** 균형, 객관성, 공정함, 중립
* **내민 발:** 행동력, 이성적이고 의식적인 판단
* **해가 비추고 있음:** 밝은 태양이 뒤에서 비추어 주고 있음(희망)
* **보라색 장막:** 보라색은 빨강과 파랑, 이성과 감성, 직관, 통찰, 상상력, 관용, 우아함, 품위, 화려함, 고독, 신비스러운(신의 영역)
* **여성으로 보이는가?! '정의의 여신상?'**

핵심 키워드

긍정	부정
공정함, 공평성, 완벽주의, 판단력, 합리적인, 시시비비를 가리는, 정의, 이성적, 결단, 진리, 균형, 근거 있는 행동, 인과관계, 공과 사 확실, 규칙적인,	냉정함, 인간미 부족, 갈등, 어긋남, 불공평, 판단의 오류

직업 / 연애

직업	연애
판사, 검사, 변호사, 기자, 경찰관, 평론가, 군인, 프로파일러, 중개인, 경리, 세무사, 회계사, * 자유로운 직업보다는 정해진 틀 안에서 일하는 것을 선호	* 관계의 균형/갈등 * 신중한 스타일이다 보니 끝까지 유지하려는 경향 있음 * 불같은 사랑보다는 무난하고 길게…

금전 / 건강

금전	건강
* 수입과 지출 균형 * 안정적인 * 꾸준히, 정직하게 자신의 돈을 모으는 것이 긍정적인 결과 * 무리한 투자는 거리 두기 * 부채 해결의 징조	* 균형 잡힌 건강 유지 * 스트레스나 과민성 대장 질환 등 예민한 성격으로 신경계 질환 관리

'12-매달린 남자'

[요셉]

< 창세기 37장 5절 >

5 요셉이 꿈을 꾸고 자기 형들에게 말하매 그들이 그를 더욱 미워하였더라

< 창세기 50장 18-19절 >

18 그의 형들이 또 친히 와서 요셉의 앞에 엎드려 이르되 우리는 당신의 종들이니이다
19 요셉이 그들에게 이르되 두려워하지 마소서 내가 하나님을 대신하리이까

'요셉'은…

- "바로가 또 요셉에게 이르되 내가 너를 애굽 온 땅의 총리가 되게 하노라"(창세기 41장 41절)
- 요셉은 사랑받은 자(하나님과 사람)
- 요셉의 인생
  꿈꾸는 자→형들의 배신→바로의 신하 친위대장 애굽 사람 보디발의 노예(가정 총리)→보디발의 아내의 유혹(누명)→감옥(제반 사무)→국무총리
- 꿈꾸는 자였던 요셉, 다 이루어짐(하나님이 주신 꿈)
- 힘든 상황 속에서 꿈을 잃지 않고 인내하며 형통한 자 된 요셉
- 형들을 용서함

'매달린 남자/요셉'을 통해…

- 스스로 깨닫는… 이전과는 다른 새로운 시각으로
- 타인의 시선을 신경 쓰지 말고 끈기 있게 기다리라(인내의 열매는 달다)
- 남과 다르다고 틀린 것은 아니다
- 지금의 정체는 기다림일 뿐
- 고집, 융통성이 없을 수 있고, 그렇게 보일 수도 있지만, 때를 기다리는 것일 뿐…
- 숫자 '4', '12', '21', '3': 수비학의 이 숫자의 의미가 다 들어 있음(안정, 완전)

'12-매달린 남자' = 그림 상징

* **초록색의 잎이 있는 나무:** 생명력
* **거꾸로 매달린 남자:** 새로운 시야, 남과 다른 생각, 자기희생
* **파란 상의와 빨간 하의:** 열정과 무한한 가능성을 상징
* **머리 주위의 후광:** 깨달음(신의 도움)
* **손은 뒷짐:** 움직이지 않고 생각하는, 여유로움
* **얼굴은 정면을 보며 평안해 보임:** 힘든 상황 속에서 여유롭게까지 보이는 얼굴 표정
* **한쪽만 밧줄에 묶여 있음:** 마음만 먹으면 언제든 내려올 수 있는 상태
* **보라색의 허리띠:** 신비로울 정도의 자세이지만, 생각의 중심을 잘 잡고 균형 잡힌 자세, 지혜의 완성, 그러나 거꾸로 매달려 있는 상태임은 현실
* **흰색과 회색 톤의 배경색:** 순수, 시작, 움직임이 별로 없는 듯한 안정감, 신비하고 비밀스러운, 잠잠히, 고요히

핵심 키워드

긍정	부정
인내, 깨달음, 변화, 성공, 희생, 자유, 기다림, 재충전, 창의적, 해방, 남다른, 교훈, 간절함에서 벗어난, 과도기, 재기를 다지는, 새로운 기회, 성장 과정을 겪고 있는	인내심이 길어지면(고통, 포기, 실패) 실제적인 고난, 어려움, 정체기

직업 / 연애

직업	연애
도예가, 심리상담, 농업인, 요가, 와인 제조가, 디자이너, 영화감독, 출판 기획자, 사회봉사직 * 희생이 필요한 직업군 * 인내하며 잠잠히 때를 기다릴 때	* 애매한 상황 * 잠시 이별할 수도 * 연애 기운 약함(시련) * 정체되어 발전 없는 바라만 보는 상황, 이별 * 짝사랑이나 랜선 연애

금전 / 건강

금전	건강
* 돈이 새어 나감 * 현재는 고생을 알리는 카드 * 들어오는 돈 없이 잠시 멈춘 상태 * 단기적인 희생, 장기적인 이득	* 관절이나 신경계 건강 관리 * 신체적, 정신적 건강을 위해 일시적인 희생(?)이 필요함 * 나쁜 습관 포기

'13-죽음'

[요나]

< 요나 1장 17절 >

17 여호와께서 이미 큰 물고기를 예비하사 요나를 삼키게 하셨으므로 요나가 밤낮 삼 일을 물고기 뱃속에 있으니라

< 요나 2장 10절 >

10 여호와께서 그 물고기에게 말씀하시매 요나를 육지에 토하니라

'선지자 요나'는…

* 여호와의 얼굴을 피하려고(사명자가 사명을 다하지 않으면)…

2 너는 일어나 저 큰 성읍 니느웨로 가서 그것을 향하여 외치라 그 악독이 내 앞에 상달 되었음이니라 하시니라

3 그러나 요나가 여호와의 얼굴을 피하려고 일어나 다시스로 도망하려 하여 욥바로 내려갔더니 마침 다시스로 가는 배를 만난지라 여호와의 얼굴을 피하여 그들과 함께 다시스로 가려고 배삯을 주고 배에 올랐더라

4 여호와께서 큰 바람을 바다 위에 내리시매 바다 가운데에 큰 폭풍이 일어나 배가 거의 깨지게 된지라

(요나 1장 2-4절)

* 박넝쿨

5 무슨 일이 일어나는가를 보려고 그 그늘 아래에 앉았더라

6 하나님 여호와께서 박넝쿨을 예비하사~ 그늘이 지게 하며 그의 괴로움을 면하게 하려 하심이었더라 요나가 박넝쿨로 말미암아 크게 기뻐하였더니

7 하나님이 벌레를 예비하사 이튿날 새벽에 그 박넝쿨을 갉아먹게 하시매 시드니라

8 해가 뜰 때에 하나님이 뜨거운 동풍을 예비하셨고 해는 요나의 머리에 쪼이매 요나가 혼미하여 스스로 죽기를 구하여 이르되 사는 것보다 죽은 것이 내게 나으니이다 하니라

11 하물며 이 큰 성읍 니느웨에는 좌우를 분변하지 못하는 자가 십이만여 명이요 가축도 많이 있나니 내가 어찌 아끼지 아니하겠느냐 하시니라

(요나 4장 5b-8, 11절)

'죽음/요나'를 통해…

- 이전의 시대는 종말을 맞고, 새로운 변화가 뒤따른다
- 내 생각이 바뀌면 새로운 변화가 시작된다
- 인생은… 죽고 사는 삶 속에서, 삶의 참된 가치를 찾는다
- 죽은 것 같은데, 새로운 태양이 떠오른다
- 새로운 시작은 죽음으로부터 온다
- 시작과 끝, 흑과 백, 있고 없음의 삶과 죽음
- 수비학적 "13=1+3=4(메이저 '황제') 카드의 의미"

'13-죽음' = 그림 상징

* **해골 얼굴:** 죽음과 변화, 인간의 하찮음, 허망, 운명
* **검은 갑옷:** 사신의 권력, 권위, 능력
* **흰말:** 새로운 시작과 순수함, 고결한 힘, 자연의 순리, 정복
* **검은 깃발 안의 백장미:** 끝과 종료, 죽음의 승리, 종결, 긍정을 위한 부정, 고통의 통과, 부활
* **죽은 왕:** 과거의 고통이나 불행의 끝
* **교황:** 종교적, 금욕적, 영적, 현실을 받아들임
* **어린아이:** 새로운 미래, 새로운 생명, 변화된 미래
* **어린아이가 든 흰 장미:** 순수, 순결, 불멸, 영혼, 아름다움
* **고개 돌린 여인:** 인간의 본성, 모성애, 동정심, 희생, 체념
* **두 개의 탑:** 새로운 세계, 삶과 죽음의 이중성
* **강:** 인생, 삶의 흐름, 새로움을 향해 나아가는
* **말라가는 강:** 생명이 다해 가는 것, 황폐한
* **멀리 떠오르는 태양:** 생명의 통로로 서서히 들어오는 부활의 상징, 새로운 시작, 출발, 희망, 신의 은총
* **바람이 어디로 부는가? 혹시, 깃발이 거꾸로 날린다고 생각하는가?! 강가에 떠 있는 배의 돛을 보면 알 수 있다**

핵심 키워드

긍정	부정
새로운 시작, 변화, 전환점, 안정, 용기, 재건축, 과거의 종결, 고생 끝, 나쁜 관계 끝, 흑과 백의 확실한 결말	현실적 고통, 고생, 지연, 저항, 침체, 망연자실, 무력감, 자괴감, 무기력, 자포자기, 헤어 나오기 힘든, 변화의 어려움, 멈춤, 정신적·육체적인 에너지 고갈, 완전히 무너진 상태

직업 / 연애

직업	연애
의사, 한의사, 소방관, 군인, 선장 * 정의 사업이나 죽음과 관련된 사업 * 이직, 승진의 전환 * 극단적인 이동 가능	* 결혼할 수도, 이별이나 이혼할 수도 * 다시 재회 가능성 있음 * 이별 후 새로 시작할 연애의 기회 * 우정이 새로운 로맨스의 시작

금전 / 건강

금전	건강
* 금전적 고생, 그러나 희생을 감수한 재정 문제 해결되는 * 힘들었었다면 회복되는 일만 남았음 * 유지, 관리 필요	* 새로운 운동 루틴을 시작하거나, 건강한 습관을 도입, 건강 개선을 위한 새로운 결정을 내리는 시기 * 건강한 생활 방식으로의 전환

'14-절제'

[가브리엘 천사]

< 다니엘 8장 16절 >

16 내가 들은즉 을래 강 두 언덕 사이에서 사람의 목소리가 있어 외쳐 이르되 가브리엘아 이 환상을 이 사람에게 깨닫게 하라 하더니

< 누가복음 1장 19절(엘리사벳)**, 26절**(동정녀 마리아) **>**

19 천사가 대답하여 이르되 나는 하나님 앞에 서 있는 가브리엘이라 이 좋은 소식을 전하여 네게 말하라고 보내심을 받았노라

26 여섯째 달에 천사 가브리엘이 하나님의 보내심을 받아 갈릴리 나사렛이란 동네에 가서

'가브리엘 천사'는…

- 가브리엘 천사의 주된 일은 '예언'과 '계시', '기쁜 소식'
- '강한 자', '하나님의 보냄을 받은 천사'
- '비밀을 밝히는 것'

- 감추어진 비밀을 말하기 전에, 절제와 균형, 신중
- '절제'는 모든 인간이 할 수 있는 것 중 가장 힘든 일일 수 있다, 인내만큼 힘든 것이 절제이다, 그 절제는 내 힘과 능력이 아닌 천사의 도움을 받아야 가능한 것일 수도…

'절제/가브리엘 천사'를 통해…

- 과감하게 시도하라
- 신중하게 조절하라
- 승리의 면류관이 있음을 기억하라
- 균형을 맞춤은 인내와 절제가 필요할 뿐, 중재, 타협, 무조건 참거나 안 하는 것이 아니다, 과하면 덜어 내고, 부족하면 더해서 균형을 맞추라는 의미
- 수비학적 "14=1+4=5(메이저 '교황') 카드의 의미"

'14-절제' = 그림 상징

* **천사:** '가브리엘', 기쁜 소식, 비밀의 소식을 전하는 천사, 대리자, 순수
* **가슴에 있는 '△':** 삼위일체 하나님
* **천사 옷에 그려진 '□':** 진리, 평안, 기쁨, 신뢰성, 정직함, 안정
* **붉은 날개:** 힘, 능력, 에너지, 중용의 날개
* **발의 위치:**
    - 한 발은 땅에: 의식 세계 기반
    - 한 발은 물에: 무의식 세계 기반=감성과 이성, 의식과 무의식, 조화

* **왕관:** 깨달음, 환희, 기쁨, 신의 은총, 영광
* **2개의 컵:** 감정의 조화, 균형, 조절, 절제, 물질과 정신의 상호 교류
* **노란 꽃:** 인내, 무의식의 지혜, 수렴, 정화
* **좁은 길, 초록 들판, 푸른 산:** 현실적 어려움, 좁은 길이지만, 그 길을 선택하면, 승리의 면류관이 기다리고 있다

핵심 키워드

긍정	부정
절제, 조화, 타협과 중재, 균형, 인내(참을성), 안정적, 평온, 신중한, 감정에 집중, 심사숙고, 상황을 조율하는 능력, 평온, 도를 넘지 않는, 소통, 편견 없음	답답함, 고민, 지연, 저항, 변화의 어려움, 극단적인 행동, 지나친 욕망, 부족, 균형 상실(불균형)

직업 / 연애

직업	연애
컨설턴트, 통신, 인터넷 쇼핑몰, 타로 마스터, 중개인, 물리치료사, 변호사, 언어 지도사, 노무사 * 제약회사, 환전 관련 업무 직종 * 사업의 초기	* 감정 조절 잘 함 * 편안한 관계 * 결혼 가능 　- 밸런스 조절 주의(인내하며) 　- 싱글이라면 성급하게 　　다가가면 안 됨

금전 / 건강

금전	건강
* 조화로운 수입과 지출 * 수입의 많고 적음보다는 지출과 균형 잡힌 소비 습관이 좋음(안 쓰는 것도 버는 것) * 장기 투자에 유리	* 수족냉증, 혈액순환, 디스크, 호르몬 건강 관리 * 식습관 중 나쁜 습관이 있다면 지금이 고쳐야 할 때, 균형 잡힌 식단 섭취

'15-악마'

[타락한 천사 루시퍼]

< 루시엘(타락 전) 에스겔 28장 17절 >

17 네가 아름다우므로 마음이 교만하였으며 네가 영화로우므로 네 지혜를 더럽혔음이여 내가 너를 땅에 던져 왕들 앞에 두어 그들의 구경거리가 되게 하였도다

< 루시퍼(타락 후) >

참고 말씀: 에스겔 28장 13-16절,
창세기 3장 1-5절,
요한계시록 12장 9-10절

'악마/타락한 천사(루시퍼)'를 통해…

- 루시엘은 사랑받았던 존재였지만… 교만, 욕심, 집착, 유혹이 과해지면 그 전에 누렸던 모든 것을 다 잃을 수도 있으니, 첫 마음 변치 말라
- 집중이 지나치면, 집착이 될 수 있다
- 점검하라, 내가 지금 잘 하고 있는지
- 루시엘(천사)이 루시퍼(악마)가 될 수 있다
- 천사와 악마가 내 안에 있음을 기억하라
- 수비학적 "13=1+5=6(메이저 '연인') 카드의 의미"의 반대 의미

참고 말씀

13 네가 옛적에 하나님의 동산 에덴에 있어서 각종 보석 곧 홍보석과 황보석과 금강석과 황옥과 홍마노와 창옥과 청보석과 남보석과 홍옥과 황금으로 단장하였음이여 네가 지음을 받던 날에 너를 위하여 소고와 비파가 준비되었도다

14 너는 기름부음을 받고 지키는 그룹임이여 내가 너를 세우매 네가 하나님의 성산에 있어서 불타는 돌들 사이에 왕래하였도다

15 네가 지음을 받던 날로부터 네 모든 길에 완전하더니 마침내 네게서 불의가 드러났도다

16 네 무역이 많으므로 네 가운데에 강포가 가득하여 네가 범죄하였도다 너 지키는 그룹아 그러므로 내가 너를 더럽게 여겨 하나님의 산에서 쫓아냈고 돌들 사이에서 멸하였도다

(에스겔 28장 13-16절)

참고 말씀 2

13 네가 옛적에 하나님의 동산 에덴에 있어서 각종 보석 곧 홍보석과 황보석과 금강석과 황옥과 홍마노와 창옥과 청보석과 남보석과 홍옥과 황금으로 단장하였음이여 네가 지음을 받던 날에 너를 위하여 소고와 비파가 준비되었도다

14 너는 기름부음을 받고 지키는 그룹임이여 내가 너를 세우매 네가 하나님의 성산에 있어서 불타는 돌들 사이에 왕래하였도다

15 네가 지음을 받던 날로부터 네 모든 길에 완전하더니 마침내 네게서 불의가 드러났도다

16 네 무역이 많으므로 네 가운데에 강포가 가득하여 네가 범죄하였도다 너 지키는 그룹아 그러므로 내가 너를 더럽게 여겨 하나님의 산에서 쫓아냈고 돌들 사이에서 멸하였도다

(에스겔 28장 13-16절)

'15-악마' = 그림 상징

* **느슨한 쇠사슬**: 악마의 유혹에 의해 겉으로는 자유로운 듯하나, 실제로는 (스스로 선택한)강한 속박, 쇠사슬: 책임과 구속
* **여자 뒤의 포도**: 쾌락, 욕망, 풍요, (인간의 쾌락을 추구하는 과정, 파멸로 이끌림)
  - 포도는 중독성이 강한 맛으로 (유혹, 중독, 파멸) 빠지면 헤어 나오기 힘듦
  - 선악과와 생명나무가 없음
* **빨간 톤의 헤어와 뿔**: 악마의 유혹에 지배당함
* **남자 뒤의 불꽃**: '6'번 사랑의 카드의 불꽃 나무는 생명나무인데, 이 카드

는 악마가 뒤에서 불을 붙이고 있음(악마가 다스림, 재앙)

  - 남자의 숨겨진 욕망을 자신뿐 아니라 여자에게도 손을 내밈

* **악마 이마의 역오각형:** 악마를 상징하는 일반적 기호 중 하나, 길을 잃게 만드는 별, 유혹, 타락
* **악마의 얼굴이 형상화하고 있는 염소:** 권력, 재물에 대한 강한 욕구, 교활함
* **악마의 두 발이 문을 밟고 있다:** 지배
* **두 손가락씩 잡고 맹세하는 손:** 거짓 맹세
* **날개:** 천사장(루시엘)이었지만, 악마(루시퍼)로 되어 버린 타락한 천사

핵심 키워드

긍정	부정
매력, 유혹, 몰입도, 집중, 육체적 사랑, 해방, 해소, 자유, 각성, 본능, 과도한 이상, 의존성	타락, 중독, 집착, 압박, 속박, 얽힘, 속임, 간교, 고집, 쾌락, 불법, 구속

직업 / 연애

직업	연애
시인, 극작가, 양궁 선수, 사격 선수, 형사, 기자, 사진기사, 마술사… * 사업, 투자 쪽은 돈 절대 쓰면 안 됨 * 유흥, 종교, 정신병원 직종	* 가벼운 만남 * 애증의 관계 * 진실이 부족한 * 끊어 내기 힘듦(집착) * 유혹에 빠져 결합된 관계

금전 / 건강

금전	건강
* 돈의 사용을 경고(유흥비, 충동구매) * 투자, 사업의 유혹(사채) * 사업을 꼭 할 상황이라면 과한 욕심, 사기나 배신당하지 않도록 조심	* 욕망에 의한 건강 문제 * 해방을 통한 회복 * 정서 불안, 약물 중독

'16-탑'

[바벨탑]

< 창세기 11장 9절 >

9 그러므로 그 이름을 바벨이라 하니 이는 여호와께서 거기서 온 땅의 언어를 혼잡하게 하셨음이니라 여호와께서 거기서 그들을 온 지면에 흩으셨더라

(참고 말씀: 창세기 11장 1-8절)

< 시편 18장 12b, 14절 (새번역성경) >

12 짙은 구름은 불꽃이 되면서 벼락이 떨어졌다

14 주님께서 화살을 쏘아서 원수들을 흩으시고, 번개를 번쩍이셔서, 그들을 혼란에 빠트리셨다

'탑/바벨탑'을 통해…

- 하나님은 늘 보고 계신다(하나님의 은혜)
- 바벨의 뜻은 '하늘의 문, 신의 문', 하나님의 영역은 건들지 말라

* 창세기 6장 5-7절

   5 여호와께서 사람의 죄악이 세상에 가득함과 그 마음으로 하는 모든 계획이 항상 악할 뿐임을 보시고

   6 땅 위에 사람 지으셨음을 한탄하사 마음에 근심하시고

   7 이르시되 내가 창조한 사람을 내가 지면에서 쓸어버리되 사람으로부터 가축과 기는 것과 공중의 새까지 그리하리니 이는 내가 그것들을 지었음을 한탄함이니라 하시니라-노아 홍수 그 이후의 사건(창세기 11장, 바벨탑)

- 다시 시작하라, 잠시 쉼을 갖고 목표와 꿈 점검
- 수비학적 "16=1+6=7(메이저 '전진') 카드의 의미"

참고 말씀

1 온 땅의 언어가 하나요 말이 하나였더라

2 이에 그들이 동방으로 옮기다가 시날 평지를 만나 거기 거류하며

3 서로 말하되 자, 벽돌을 만들어 견고히 굽자 하고 이에 벽돌로 돌을 대신하며 역청으로 진흙을 대신하고

4 또 말하되 자 성읍과 탑을 건설하여 그 탑 꼭대기를 하늘에 닿게 하여

우리 이름을 내고 온 지면에 흩어짐을 면하자 하였더니

5 여호와께서 사람들이 건설하는 그 성읍과 탑을 보려고 내려오셨더라

6 여호와께서 이르시되 이 무리가 한 족속이요 언어도 하나이므로 이같이 시작하였으니 이 후로는 그 하고자 하는 일을 막을 수 없으리로다

7 자 우리가 내려가서 거기서 그들의 언어를 혼잡하게 하여 그들이 서로 알아듣지 못하게 하자 하시고

8 여호와께서 거기서 그들을 온 지면에 흩으셨으므로 그들이 그 도시를 건설하기를 그쳤더라

(창세기 11장 1-8절)

'16-탑' = 그림 상징

- **탑 안의 불(붕괴):** 기존의 신념이나 사회적 구조가 붕괴, 혼란, 불타 없어짐 - 기초가 견고하지 않음
- **노란 불꽃:** 강력한 에너지, 통찰력이나 깨달음, 정화, 변혁, 새로운 시작, 하늘의 은총
- **번개:** 예기치 않은 사건, 변화가 갑작스럽고 불가피한 상황
- **왕관과 왕관의 잔가시:** 왕관은 권력과 위엄, 지휘, 명예, 잔가시로 권력이 위태롭고 위험, 불안정(오만함, 자만심)
- **구름과 연기:** 혼란과 불확실성, 변화의 불가피함 강조
- **설산:** 헤쳐 나가야 할 역경
- **창문 3개:** 숨겨진 것이 드러남
- **놀람과 두려움으로 떨어지는 빨간 망토를 한 왕:** 열정을 다해 다 이루었다고

생각했지만, 결국 예기치 않은 변화에 다 무너져 버림에 불안과 혼란의 불안정한 감정

* **왕관을 쓰고 두 손을 들고 파란 옷과 빨간 구두를 신은 여왕:** 이성적이고 열정적으로 행함에 뜻을 이루었다고 생각했을 텐데, 여왕의 표정은 신뢰의 붕괴, 순간의 감정에 불확실성, 상실감, 변화에 대한 저항, 내적 갈등 등 복합적인 감정 표현
* **어두운 배경:** 혼란, 파괴, 불안, 두려움, 미지의 세계

핵심 키워드

긍정	부정
변화, 주기 순환, 새로운 시작, 새로운 기회, 새로운 도전, 점검, 해방, 진실의 깨달음, 목표, 성장과 발전, 기존의 틀 파괴, 모험심, 안정	혼란, 급격한 변화, 위기, 갈등, 불확실성, 자만, 현실 왜곡, 불안, 스트레스, 폭로, 왜곡된 생각, 오만, 속박, 압박, 고집, 판에 박힌 삶, 자신만의 아집, 과한 집착

직업 / 연애

직업	연애
건설업, 부동산업, 게임산업, 폭발물 취급 업무, 응급의학, 119 구조대원, 공무원, 소방관, 종교인 * 실직(미리 대비)	* 싱글인 경우: 새로운 만남 가능성 * 연인인 경우: 낡은 가치관 깨고, 자신을 되돌아보고 성장하는 * 신중하게 상황을 판단하고 결정

금전 / 건강

금전	건강
* 파산 직전의 상황 * 궁지에 몰림 * 심각한 손실 * 갑작스러운 금전 위기 * 투자에 주의	* 낙상, 교통사고, 외과 수술, 폭발 사고, 화상, 급성 질환 * 예기치 못한 질병이나 사고

'17-별'

[별]

< 마태복음 2장 2, 10절 >

2 유대인의 왕으로 나신 이가 어디 계시냐 우리가 그의 별을 보고 그에게 경배하러 왔노라 하니

10 그들이 별을 보고 매우 크게 기뻐하고 기뻐하더라

(참고 말씀: 창세기 11장 1-8절)

* 별: 동방박사 이야기

(참고 말씀: 마태복음 2장 1-2, 7-12절)

'별'을 통해…

- **별:** 방향성과 목표, 희망, 영적인 에너지와 균형, 꿈, 이상, 어둠 속에서 길을 잃지 않도록 안내하는 길잡이, 인도, 시작… 등을 의미
- 자연과의 조화, 균형
- 확실한 생각, 환경 등이 별처럼 반짝일 때가 있다, 미루지 말고 행하라
- 수비학적 "17=1+7=8(메이저 '힘') 카드의 의미"

참고 말씀

1 헤롯 왕 때에 예수께서 유대 베들레헴에서 나시매 동방으로부터 박사들이 예루살렘에 이르러 말하되
2 유대인의 왕으로 나신 이가 어디 계시냐 우리가 동방에서 그의 별을 보고 그에게 경배하러 왔노라 하니
7 이에 헤롯이 가만히 박사들을 불러 별이 나타난 때를 자세히 묻고
8 베들레헴으로 보내며 이르되 가서 아기에 대하여 자세히 알아보고 찾거든 내게 고하여 나도 가서 그에게 경배하게 하라
9 박사들이 왕의 말을 듣고 갈새 동방에서 보던 그 별이 문득 앞서 인도하여 가다가 아기 있는 곳 위에 머물러 서 있는지라
10 그들이 별을 보고 매우 크게 기뻐하고 기뻐하더라
11 집에 들어가 아기와 그의 어머니 마리아가 함께 있는 것을 보고 엎드려 아기께 경배하고 보배합을 열어 황금과 유향과 몰약을 예물로 드리니라
12 그들은 꿈에 헤롯에게로 돌아가지 말라 지시하심을 받아 다른 길로 고국에 돌아가니라

(마태복음 2장 1-2, 7-12절)

'17-별' = 그림 상징

- **큰 별:** 희망, 방향 제시, 사랑, 우주의 에너지, 확실한
- **7개의 작은 별:** 영적인 에너지, 균형
- **8개의 별:** 희망, 영감, 꿈, 이상, 아름다움
- **땅:** 의식, 물질적, 육체적, 현실적
- **벌거벗은 여인:** 자유로운, 순수, 진실된 자연과의 합일
- **맨발:** 자연과의 연결, 진실된 자기 자신을 나타냄
- **컵(주전자)에서 흘려보내는 물:** 자신의 의식과 무의식
- **연꽃:** 자연의 재생력을 상징, 진흙 같은 환경에도 피어나는 희망을 상징
- **두 컵:** 감정 조절, 균형
- **호수 위의 오른발(호수에 담그지 않은 상태):** 인내, 의식과 무의식, 감정과 이성, 치우치지 않는
- **산(회색):** 마음은 지상낙원이지만, 저 멀리 현실에서도 희망을 품어라
- **새:** 하늘과 땅(물질적, 영적인 세계)의 조화, 조언자, 동반자, 소식
- **노란 머리:** 명랑, 별의 에너지의 영향을 받음
- **하늘색 바탕:** 밝아 오는 희망찬 시작, 행복, 평온

핵심 키워드

긍정	부정
희망과 긍정, 목적, 목표, 평온, 자기 관리, 방향성, 치유와 회복, 새로운 시작, 기대, 순수, 행운과 기회, 미래, 꿈, 조합, 조화, 낙천적인, 신뢰, 성과, 직감이 좋은, 신념	과대망상, 막연한, 과한 희망, 겉모습에 사로잡힌, 허례허식, 치장하는, 기회를 놓치는, 절망, 낙담, 희망 상실, 단조로움, 무관심, 낭비, 좌절, 게으름, 둔감한, 불균형

직업 / 연애

직업	연애
조경사, 관제사, 경호원, 화가, 예술, 문화, 미디어, 방송 계통, 예체능 계열, 디자인, 숙박업	* 아름다운 커플 * 사랑이 싹트고 이상적인 상대 * 첫눈에 반함 * 스킨십도 잘 맞음 * 사랑의 시작

금전 / 건강

금전	건강
* 재정적 안정 * 돈 유통 원활함 * 사업, 투자 긍정	* 간 질환, 육체 피로, 부인병 관리 * 건강 회복과 새로운 치료 방법에 대한 희망

'18-달'

[여자, 어머니]

< 창세기 37장 9-11절 >

9 요셉이 다시 꿈을 꾸고 그의 형들에게 말하여 이르되 내가 또 꿈을 꾼즉 해와 달과 열한 별이 내게 절하더이다 하니라

10 그가 그의 꿈을 아버지와 형들에게 말하매 아버지가 그를 꾸짖고 그에게 이르되 네가 꾼 꿈이 무엇이냐 나와 네 어머니와 네 형들이 참으로 가서 땅에 엎드려 네게 절하겠느냐

11 그의 형들은 시기하되 그의 아버지는 그 말을 간직해 두었더라

*참고 말씀: 요한계시록 12장 1-2, 5절

(메이저 2, 3, 8번)

'달'을 통해…

- 달은 여자, 어머니 상징(관찰력과 창의력이 뛰어나며, 감수성이 풍부)
- 우울한 감정, 내적 갈등에서 나오라
- 변화, 새로움, 미스터리

- 삶의 변화, 감정의 흐름 속에 새로운 시각으로 전환될 수 있는…
- 인생은 불확실하지만, 믿음을 갖고 계속 한 걸음 한 걸음 자신의 직관과 창의성을 신뢰하고, 불확실성을 기회로 전환하여 다시 밝아 오는 해를 바라보기를…
- 수비학적 "18=1+8=9(메이저 '은둔자') 카드의 의미"

참고 말씀

1 하늘에 큰 이적이 보이니 해를 옷 입은 한 여자가 있는데 그 발 아래에는 달이 있고 그 머리에는 열두 별의 관을 썼더라
2 이 여자가 아이를 배어 해산하게 되매
5 여자가 아들을 낳으니 이는 장차 만국을 다스릴 남자라

(요한계시록 12장 1-2, 5a절)

- 달 같이 아름답고(아가서 6장 10절)

  '아름답다'라는 표현은 여성의 대표적 표현

'18-달' = 그림 상징

* **달:** 변화, 음의 기운, 여성성, 감정, 무의식, 잠재력, 직관 등을 상징
* **초승달의 감정 표현:** 인간의 이중성, 극한 갈등
* **개:** 의식, 안정, 동반자, 문명화된 본성, 인간의 길들여진 사회성
* **늑대:** 무의식, 모험, 경쟁, 야생적 본능. 길들여진 개(의식)와 갈등
* **보라색의 가재:** 물 밖으로 나와 개와 늑대 사이의 선택의 시간, 원초적

자아, 잠재의식(무의식) 속에 자리한 깊은 불안을 의식의 영역으로 끌어올리는, 가재는 물면 놓지 않는 습성으로 감춰진 욕망, 겉은 딱딱한 껍질이지만, 속살은 부드러움, 이중성, 물 밖으로 나갈 것인가? 물에 있을 것인가?(갈등)

* **초록의 긴 들판과 구불구불한 길**: 미지의 목적지를 향한 여행
* **두 개의 탑(관문)**: 의식과 무의식의 경계선에 대한 두려움인 동시에 경계를 넘어서려는 도전
* **푸른 산**: 두 개의 탑 사이를 넘으면, 푸른 인생의 청사진, 승리를 의미
* **15개의 노란 불꽃**: 15일은 초승달이 보름달이 되는 변화의 시점, 신의 뜻

핵심 키워드

긍정	부정
변화, 통찰력, 직관력, 감성적, 잠재의식, 희망, 예민함, 비밀, 관찰력, 기다림, 가능성, 드러나지 않는	갈등, 불확실성, 변덕, 불안, 감정의 혼란, 비현실적인, 두려움, 감정의 파동, 불안정성, 모호함, 위기, 스트레스, 외로움, 배신, 속임수, 이중성, 애매모호함, 오해, 의심

직업 / 연애

직업	연애
방송 작가, 극작가, 화가, 작곡가, 패션 디자이너, 연주가, 사진작가, 심리상담사 * 직장 내에서 불안정한 위치나 관계 * 창의적이고 예술적 분야	* 관계의 불안정 * 새로운 사람을 만날 수도 * 미스터리한 사랑의 시작 * 솔직한 대화 필요 * 애매모호한 관계

금전 / 건강

금전	건강
* 감정에 치우친 결정 피함 * 불안정한 돈 관리 필요 * 직장 내에서 불안정한 위치나 관계 * 보수적인 투자	* 감정의 영향이 건강에 미치는 변화, 심리적인 측면에 주의 * 스트레스나 불안을 주의

'19-해'

[태양]

< 창세기 1장 2-3, 16절 >

2 땅이 혼돈하고 공허하며 흑암이 깊음 위에 있고 하나님의 영은 수면 위에 운행하시니라

3 하나님이 이르시되 빛이 있으라 하시니 빛이 있었고

16 하나님이 두 큰 광명체를 만드사 큰 광명체로 낮을 주관하게 하시고 작은 광명체로 밤을 주관하게 하시며 또 별들을 만드시고

'해 / 태양'을 통해…

- 해는 빛을 비추기 때문에 태양이다, 상상해 보라, 해가 달처럼 마주할 수 있다면 해가 아니라 달인 것이다, 태양이 뜨겁게 비추고 있다, 무엇이 두렵겠는가?!
- 어두웠던 시절은 지나고 밝은 태양이 환하게 비추고 있다
- 좋은 태양의 빛을 받아 새롭게 한 걸음 더 나아갈 수 있는 시기
- 어린아이 같은 순수한 마음으로 승리의 깃발을 들고 나아가라
- 방심은 금물

'19-태양' = 그림 상징

* **온전히 떠올라 강렬하고 찬란히 빛을 비추는 태양:** 신성과 위엄을 뜻하는 전통적 상징, 낙천적인 생명력 부여, 성취(별과 달을 거쳐 완성된), 희망, 성공, 힘, 에너지
* **활짝 피어오른 해바라기:** 태양의 강렬한 기운을 강조, 변함없는 신념, 풍요를 상징
* **안장이 없는 백마:** 순진무구, 결백, 위풍당당, 정복, 승리를 향해 아이를 경험의 영역으로 안내하는 역할, 역동적인 힘으로 나아가며 곁에서 지원을 해 주지만, 안장이 없어 안정과 보호, 중심을 잘 잡고 나아가기를…
* **벌거벗은 아이:** 순수한 자기 자신을 닮은 하나의 자아, 태양의 생명력과 신성이 아이에게 계승되고 상속되어 완성된 모습으로 새롭게 시작
* **머리 위 붉은 깃털:** '0'번 바보 카드의 깃털과 같은 깃털, 앞으로 이룰 업적과 약속 실현의 징표
* **붉은 깃발:** 열정과 에너지가 충만, 추진력과 동기부여, 승리, 새로운 목표를 향해
* **벽:** 체계성으로 꼼꼼하게 작업 진행되었음을 의미, 보호되어 있는 공간에서 자기 구현과 성장이 이루어질 것을 표현

핵심 키워드

긍정	부정
열정, 성공, 긍정, 순수함, 리더십, 행복, 기쁨, 축복, 희망, 빛, 에너지, 미래, 성취, 활력이 넘치는, 밝음, 자신감, 긍정, 삶의 보람, 독립성, 만족, 결실	방심, 자만심, 무책임, 무계획, 불안함, 신뢰성이 떨어짐, 자기중심적, 미숙, 철없음, 겉멋, 의기소침, 신경질적, 낙심, 불확실

직업 / 연애

직업	연애
교사, 통학 버스 운전사, 어린이집·유치원 관련 종사자, 원예 관련업 * 일이 잘 풀림 * 직장 생활 활기참, 승진 * 지금까지 노력한 대가 이상의 성공	* 행복한 관계, 서로에게 빛을 주는 사랑, 결혼에 긍정 * 싱글이라면 새로운 인연 * 기쁨이 가득한 시기, 낭만적인 사랑

금전 / 건강

금전	건강
* 긍정적인 재정 상황 * 수입이 생기고, 지출을 줄임 * 성공적인 투자 * 열정을 가지고 도전한다면 큰 재물을 얻을 수 있는 * 가장 좋은 시기	* 건강과 에너지 넘치는 상태 * 긍정적인 생활 습관 유지 * 여름철 유행 질환, 어지러움 주의 * 심장 쪽 질환, 호흡기 질환, 피부 질환

'20-심판'

[미가엘 천사]

< 데살로니가전서 4장 16절 >

16 주께서 호령과 천사장의 소리와 하나님의 나팔 소리로 친히 하늘로부터 강림하시리니 그리스도 안에서 죽은 자들이 먼저 일어나고

* 일곱 나팔을 가진 일곱 천사가 나팔을 부니…/나팔 불 때에…

(요한계시록 8-9장 내용 중)

*참고 말씀: 마태복음 24장 29-31절

'미가엘 천사는…'

* **천사장: 미가엘(천사군대를 이끄는 군대 장관)**

  - 천사장 미가엘이 마귀와 다투어 변론할 때(유다서 1장 9절)
  - 주 예수께서 자기의 능력의 천사들과 함께 하늘로부터 불꽃 가운데에 나타나실 때에(데살로니가후서 1장 7절)

* **하늘의 전쟁에서 승리**

  7 하늘에 전쟁이 있으니 미가엘과 그의 사자들이 용과 더불어 싸울새

용과 그의 사자들도 싸우나

8 이기지 못하여 다시 하늘에서 그들이 있을 곳을 얻지 못한지라

9 큰 용이 내쫓기니 옛 뱀 곧 마귀라고도 하고 사탄이라고도 하며 온 천하를 꾀는 자라 그가 땅으로 내쫓기니 그의 사자들도 그와 함께 내쫓기니라 (요한계시록 12장 7-9절)

13 가장 높은 군주 중 하나인 미가엘이 와서 나를 도와주므로

21 나를 도와서 그들을 대항할 자는 너희의 군주 미가엘뿐이니라

(다니엘 10장 13b, 21b절)

1 그 때에 네 민족을 호위하는 큰 군주 미가엘이 일어날 것이요 또 환난이 있으리니 이는 개국 이래로 그 때까지 없던 환난일 것이며 그 때에 네 백성 중 책에 기록된 모든 자가 구원을 받을 것이라

2 땅의 티끌 가운데에서 자는 자 중에서 많은 사람이 깨어나 영생을 받는 자도 있겠고 수치를 당하여서 영원히 부끄러움을 당할 자도 있을 것이며

(다니엘 12장 1-2절)

'심판/미가엘 천사'를 통해…

- 시작이 있으면 끝이 있다
- 내가 무언가 시작했다면, 이젠 그 결과가 나타날 시간
- 내 안에 죽어 있던(나도 몰랐던) 것들이 살아나기를…
- 좋지 않았던 관계가 회복이 될 것을 기대하라
- 지금은 새로운 기회의 시간이다

- 묶여 있던 것들이 풀리고, 회복
- 천사(생각지 못한 사람, 상황…)가 도울 것이다
- 내면의 소리에 귀를 기울이라

참고 말씀

29 그날 환난 후에 즉시 해가 어두워지며 달이 빛을 내지 아니하며 별들이 하늘에서 떨어지며 하늘의 권능들이 흔들리리라

30 그 때에 인자의 징조가 하늘에서 보이겠고 그 때에 땅의 모든 족속들이 통곡하며 그들이 인자가 구름을 타고 능력과 큰 영광으로 오는 것을 보리라

31 그가 큰 나팔 소리와 함께 천사들을 보내리니 그들이 그의 택하신 자들을 하늘 이 끝에서 저 끝까지 사방에서 모으리라

(마태복음 24장 29-31절)

'20-심판' = 그림 상징

* **천사:** '최후의 심판'을 알리는 천사
* **붉은 십자가 깃발:** 붉은 십자가는 예수가 십자가에서 흘리신 피를 형상화함으로써, 죽으심과 부활을 동시에 상징, 승리, 구원, 신성한 보호, 믿음
* **관에서 나온 사람들:** 죽은 자들이 살아남, 부활, 갱신, 새로운 시작, 해방, 용서, 치유, 회복
* **나팔:** 깨어남, 변화의 시작, 중요한 소식, 발표
* **바다:** 무의식, 감정, 변화, 정화

* **파도:** 변화와 움직임
* **설산:** 도전, 목표, 성취, 영적 성장, 안정
* **구름:** 신성함, 영적인 세계, 변화, 불확실성

핵심 키워드

긍정	부정
결과, 최후의 심판, 종말, 결단, 결정, 책임, 부활, 승리, 구원, 구세주, 희생, 소식, 깨어남, 변화, 전환, 동정심, 발표, 끈기, 인내, 용서, 재능과 능력의 인정, 해방	고통, 실패, 포기, 후회, 회피, 각성, 재평가, 반성, 정체, 침체, 변화에 대한 두려움과 저항, 자기비판과 자책, 부정적인 결과와 손실, 고통스러운 깨달음

직업 / 연애

직업	연애
종교인, 심리상담사, 영적 지도자, 작가, 예술 직종, 여행가, 병원 종사자, 건축가, 통역사 * 좋은 성과를 위한 끊임없는 노력 필요, 잠재력 발휘 * 스카우트, 승진	* 관계 회복 * 관계에서 중요한 결정 (연애→결혼) * 서로에게 책임을 다져야 하는 상황 * 새로운 사랑의 시작

금전 / 건강

금전	건강
* 최소 지출 * 보수적인 투자 * 새로운 기회의 시작 * 물질적인 풍요 * 회복	* 건강에 대한 변화 * 정신적인 안정 * 건강 회복

'21-세계'

[천국]

< 누가복음 17장 20b-21절 >

20 하나님의 나라는 볼 수 있게 임하는 것이 아니요

21 또 여기 있다 저기 있다고도 못하리니 하나님의 나라는 너희 안에 있느니라

< 히브리서 11장 16절 >

16 그들이 이제는 더 나은 본향을 사모하니 곧 하늘에 있는 것이라 이러므로 하나님이 그들의 하나님이라 일컬음 받으심을 부끄러워하지 아니하시고 그들을 위하여 한 성을 예비하셨느니라

'세계/천국'을 통해…

- 완성을 상징하는 세계 카드
- 우리의 완성은 이 땅에서의 삶도 중요하지만, 천국을 준비하는 것이 중요함
- 큰 그림을 보고 삶의 지도력을 이해하는 사람, 공감 능력이 뛰어남
- 나만의 세계에서 벗어나 세계적 안목으로…

- 마음이 회복되고, 평안한 상태
- 자아실현, 완벽한 성취, 영향력을 나타냄
- 또 다른 시작을 알림
- 시작과 끝은 언제나 나로부터

'21=세계' = 그림 상징

* **월계수:** 자연의 순환, 완성, 성공, 이룸
* **붉은 매듭 리본:** 무한함과 연결, 무한대, 즉 뫼비우스의 띠
* **나체의 여인:** 자유롭고 희망찬 모습, 순수함과 조화
* **보라색 천:** 고귀함, 영적인 깨달음, 완성을 상징
* **여인의 자세, 한 발을 내딛고 있으며, 타원형 월계수 화환 안에 중심을 잡고 있음:** '12' 매달린 남자의 자세의 역방향, 새로운 시작과 앞으로의 여정을 준비하는 자세, 삶의 균형과 안정성을 강조, 영원한 순환, 월계수는 사계절 내내 푸른 잎을 유지하는 상록수로, 우주의 순환 상징
* **네 생물의 성좌(테트라모프):** 사람, 독수리, 황소, 사자 (메이저 '10' 참고) 네 생물은 각각 다른 특성을 가지고 있지만, 함께 완벽한 균형과 조화를 이루며, 우주의 질서와 안정을 상징, 메이저 '10'번 카드의 완성을 이룬 완벽한 세상
* **양손의 지팡이:** '1'번 마법사가 든 것과 같음, 힘과 권위, 세상을 지배할 수 있는 능력 상징, 균형과 조화
* **파란 하늘:** 희망, 평온과 안정, 무한한 가능성, 영적 완성
* **구름:** 심리적 안정, 끊임없이 변화하는 세상, 하늘의 일

핵심 키워드

긍정	부정
완성, 자아실현, 완결, 완벽한, 성공, 노력, 다시 새로운 시작, 조화, 온전한 승리, 자기애, 여행, 사랑, 존엄, 배움, 재생, 삶의 의미, 통합, 기회, 자유, 풍요, 번영	늘 제자리, 정체, 지연, 완벽주의 매너리즘, 폐쇄, 반복, 미완성, 고립, 외로움, 불안정, 불균형, 집착, 과도한 자기만족

직업 / 연애

직업	연애
변호사, 영양사, 무역, 보육·유치원 교사, 항해사, 여행업, 미래 농업 전문가, 예술 분야, 국제적 관련 직업군 * 전 세계를 무대로 활동하는 직업	* 공동의 목표 달성(결혼) * 서로 배려해 주는 사랑(신뢰, 이해) * 최고의 사랑 * 조화로운 관계

금전 / 건강

금전	건강
* 재정적인 안정과 완성 * 투자 등으로 인한 성취 * 모든 것이 계획대로 이루어지고, 성취감도 느낌	* 신체적, 정신적으로 모두 건강한 상태 유지 * 균형 잡힌 생활 유지 * 치유의 완료

3. 'TAROT(타로)' 마이너 아르카나(56장)

- **슈트 카드:** 카드 위 로마 숫자만 '1-10'→40장

  완즈=지팡이, 불, 에너지/컵=컵, 물, 감성

  소드=칼, 공기(바람), 이성/펜타클=☆, 땅, 열매

- **궁정 카드:** 카드 밑 영어 글자만(시종, 기사, 여왕, 왕)→

  16장(각 4장씩: 완즈, 컵, 소드, ☆)

(1) 수비학(1-10)을 통한 슈트 카드(40장) 이야기

- '궁정, 인물 카드'는 MBTI에서 다루었음.

슈트 카드에서 숫자의 의미는 굉장히 중요하다.

수비학(1-10)의 핵심 키워드	
'1'	ACE(아주 좋은), 시작, 재창조
'2'	힘의 균형과 대립
'3'	최초의 완성, 조화
'4'	안정, 균형, 이성+감성
'5'	갈등, 대립
'6'	균형, 조화
'7'	주기 순환, 미성숙
'8'	재생, 힘의 강화
'9'	완성 직전 단계(만족, 긴장)
'10'	완성, 새로운 시작

- 슈트 카드를 뽑았을 때, 꼭 보아야 할 것이, '숫자'이다.
- 부정적으로 보이는 카드가 나왔을지라도,
  카드 숫자가 긍정의 숫자가 나왔다면,
  해석이 달라질 수 있다(메이저 카드도 같은 의미).

ex 1) '4' 카드를 뽑았을 때,
   수비학 '4'는 어떤 의미인가?!
   → '안정, 균형, 이성+감성'

'완즈4' 카드는 그냥 보아도 행복하다.
이것을 리딩하는 데는 전혀 문제가 없다.
'안정, 균형, 이성+감성, 행복'

'컵4', 이 카드를 해석할 때,
주의해야 할 필요성이 있다.
이것을 긍정으로 리딩하시는
분들을 많이 보지 못했다.
그러나, 기억하라.

(수비학 '4'의 핵심 키워드=안정, 균형, 이성+감성)

힌트, '컵3'을 생각해 보라.
'이성, 감성, 직관'의 서로 다른 색깔의
여인들이 함께 어우러져 파티를 열었던
그 좋은 감정의 컵이

'컵4'에서 나란히 잘 정돈되어 있다.

(수비학 '4'의 핵심 키워드=안정, 균형, 이성+감성)

'팔짱'을 낀 남자의 모습이 보인다.
누군가가 있거나, 어떠한 문제에 부딪혔을 때,
갈등이나, 상대를 무시하는 상황에선,
팔짱을 끼면,
부정적으로 리딩할 수 있다.

그러나, 지금은 혼자 조용히 쉼을 갖고,
새로운 마음, 구름이 선물로 준
새로운 좋은 감정들을 이성과 감성의
균형을 잘 잡고, 긍정적인 생각을
하고 있는 건 아닌지….

그 전 감정을 잘 정리하고
새로운 마음으로 쉼을 갖고 있는 것으로
리딩하면 어떨까?
남자의 고개는 구름 쪽으로
눈은 반대쪽으로 있다.
마음은 새로운 생각에 있지만,
잠시 쉼을 갖고 있을 뿐….
들판도 초록으로 물들고,
나뭇잎도 풍성하고,

빨간 옷을 입고 있으니,
그 전 상처는 좋은 추억으로 남기고,
비록 그것이 또 다른 상처로
남는다 할지라도….

상처는 아문다. 상처의 흔적을 보며
아파하기보단, 그 상처의 흔적을 보며,
'그땐, 그랬었지….' 하며,
크게 한 번 웃으며,
힘차게 한 걸음 다시 내딛는 기회가 되는
'컵4' 카드.

'소드' 카드는 생각, 이성, 지성의 카드.
다른 카드는 긍정적으로
해석되는 부분이 많은데,
'소드' 카드는 '스트레스, 상처'에
대한 부분이 많다.
생각이 많을수록 힘들어지는 것이다.

다행인 것은 이것은 행동으로는
아직 하지 않은 상태.
그러나, 생각한 것이 말과 행동으로 나오는
결과이기에, 생각이 중요하다.
'소드3'을 기억해 보라.

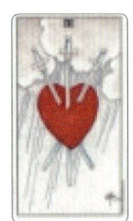

그러나, '소드4'는 상처들이 정리되어
쉼을 갖고 있다.
'모든 생각을 신에게 다 내려놓고….'
(수비학 '4'의 핵심 키워드=안정, 균형, 이성+감성)

'펜타클4'는 왕이다.
펜타클의 핵심 키워드는
'현실적 안정과 실질적인 물질,
문제 해결 능력 등을 말해 준다.
(수비학 '4'의 핵심 키워드=안정, 균형, 이성+감성)

이 카드 또한 긍정 리딩보다는,
부정 리딩을 하는 경우가 많다.
왕은 현실적으로 나라도 잘 다스리고 있고,
굉장히 만족한 상태임을 강조한다.
무엇이 더 필요하겠는가?! 그러나, 방심은 금물.
펜타클은 물질만이 아님을 기억하라(지식, 재능…).

ex 2) '달'의 그림이 있는 카드가,
　　　TAROT(타로) 78장 중 3장이 있다.
　　　'달'은 대표적으로
　　　'여인'의 마음을 표현한다.
　　　30일을 주기로 달이 변하는 것과
　　　여자의 월경 주기와 변하는 마음을

표현한 것이 대표적이다.

'초승달'은 갈등의 시작이다.

고민의 시작은 참 힘들게 시작한다.

('메이저18=달' 카드의 전체 카드 그림: 갈등)

'갈등의 최고조'로 리딩한다.

'소드2'도 마찬가지이다.

'컵8'은 '보름달'이 강조되어 있다.

'갈등으로 시작했으나,

이젠 마음을 정리한 상태'로 리딩한다.

'해'와 '달'이 겹쳐 있는가?!

이것은 '달'이다.

'초승달=갈등'을 강조했는가?!

'보름달=수비학 '8', 마음을 정돈하고,

'재생, 힘의 강화'를 강조했는가의 차이이다.

'초승달, 보름달'의 이미지

'해'와 '달'이 겹친 '일식'의 이미지

숨은 그림 찾기!^^

두 이미지의 차이를 알겠는가?!

'달'의 이미지에서 초승달 뒤에

보름달의 그림자가 보인다.

그러나, 일식인 상태에서는

달이 까맣게 보일 뿐이다.

'메이저18=달', '컵8'.

'달'을 이용해, 마음의 상태를 얼굴로 표현한 것으로

리딩하는 것은 어떨지…

- 각 도구에 익숙해지셨다면,
    - 도형(△○□S)은 3개월에 한 번 정도
    - MBTI(엠비티아이)는 하고 싶을 때, 보고 싶을 때,
    - TAROT(타로)는
      하루를 시작할 때 하면 도움이 많이 된다.

우상처럼, 너무 의지할 이유 없다.
재미로, 그냥 스쳐 지나가는 것도 권하지 않는다.

이 도구들은 분명,
나를 도와주는 유용한 도구들이 될 테니….

* '핵심 키워드+수비학'의 중요한 이유 몇 가지
① 중심 뼈대와 같기에, 갈팡질팡하지 않을 수 있다.

② 리딩할 때 활용이 얼마든지 용이해진다.
　집을 지을 때 골조가 튼튼할수록,
　튼튼한 집을 지을 수 있듯, 뼈대와 같다.

③ 사람은 어렸을 적, 누군가의 한 마디로 인해,
　평생 행복할 수도, 불행할 수도 있다.
　"너는 할 수 있어."나 "너는 할 수 없어."의
　말을 들어 본 기억이 있는가?!
　결정적인 순간에, 이 말이 생각나,
　누군가는 "나는 할 수 있어."라고 말하며,
　담대히 나아가 성공하는 사람들이 있는가 하면,
　결정적인 순간에 "너는 할 수 없어."라는
　사랑하는 엄마의 말 한 마디가 생각나,
　할 수 있음에도 불구하고, "나는 할 수 없어요."라며,
　포기하는 사람들을 본다.

이것이 핵심 키워드다.

누군가는 '사랑'이라는

한 단어로 일생을 살아간다.

미워할 이유도, 비판할 이유도 없다.

그저 모든 것을 '사랑'이라는

단어 하나로 생각하고, 말하고,

행동한다. 후회도 없다.

④ 핵심 키워드처럼 수비학도 변수가 거의 없다.

꼭 기억하고, 중심 잘 잡고,

멋지게 하루하루 지혜롭게 승리하며 살기를….

(2) 슈트 카드(40장)를 통한 수비학(1-10) 이야기 만들기

40장을 순서대로 나열하면,

각 원소마다 통일성과 스토리가 있다.

'원소의 핵심 키워드+수비학'만, 기억한다면,

리딩은 할 수 있다.

색채, 그림 상징 등 알아야 할 것들이 있지만….

① '완즈=지팡이=불=에너지, 열정, 일, 직관, 생명력…' 찌끄러기의 보석 같은 이야기

'1-10'까지 이야기를 만들어 보자.

→ 지팡이가 땅에 심기지도 않았는데, 새싹이 나 있다.

'완즈Ⅰ'=구름이 새로운 일을 선물로 준다.

'완즈Ⅱ'=하나의 일을 완수하고, 새로운 일을 향해 나아가려 함.

'완즈Ⅲ'=열정적이고 더 넓은 세상을 향해 출발.

'완즈Ⅳ'=안정적이고 행복한 상태.

'완즈Ⅴ'=새로운 계획을 세우는 데, 의견 차이가 생김.

'완즈Ⅵ'=함께 토론 후, 일한 것이 승리로 이어짐.

    혼자만의 승리가 아닌,

    함께 일을 한 이들에게도 영광.

'완즈Ⅶ'=일을 하는 사람은 일할 때 열정이 생긴다.

'완즈Ⅷ'=많은 일을 하는 것 같지만,

    오직 한 가지 목표에 집중.

'완즈Ⅸ'=열심히 일하다 보면 영광의 상처가 있는 것은 당연?!

'완즈Ⅹ'=지금까지의 열매를 가지고 집으로 향하고 있다.

② '컵=컵=물=감정, 관계, 사랑, 정서' 찌끄러기의 보석 같은 이야기
'1-10'까지 이야기를 만들어 보자.
→ 컵에 물이 있을 수도, 없을 수도,
   잘 정돈되어 있을 수도, 쓰러져 있을 수도,
   '컵'은 '내 마음의 깨지기 쉬운 질그릇'이다.
   그 안에, 보배를 담아 보자.

'컵Ⅰ'=구름이 마음 컵에 생명수가 넘치도록
       사랑의 마음을 선물합니다.
'컵Ⅱ'=남녀가 월계관과 장미 화관을 바꾸어 쓴 채
       서로의 마음이 화합하는 모습이 아름답습니다.
'컵Ⅲ'=서로 다른 인격을 가진 여인 셋이 한마음으로
       축제를 벌입니다.

'컵Ⅳ'=축제의 마음을 가지런히 정리한 후,

　　　　나무 그늘 아래에서 쉼을 가지며,

　　　　구름이 선물로 준 새로운 마음을 어찌할까?

　　　　곰곰이 생각 중.

'컵Ⅴ'=가지런히 놓여 있던 컵들이 헝클어지고,

　　　　새로운 마음은 안 보이고, 내 마음은

　　　　갈팡질팡 슬퍼요.

'컵Ⅵ'=그럴 땐, 과거의 나를

　　　　되돌아보는 것도 좋겠지요.

'컵Ⅶ'=내 마음은 어디에…?

　　　　나도 나를 모르겠어요.

'컵Ⅷ'=이러면 안 되겠지요. 결심하고,

　　　　다시 가지런히 마음을 정돈하고,

　　　　새로운 마음으로 길을 떠나 보렵니다.

'컵Ⅸ'=대박, 내 마음도, 새로운 일도 만족,

　　　　근데 혼자다.

'컵Ⅹ'=이제야 알 것 같아요.

　　　　진정한 행복은, '서로 사랑'인 것을….

③ '소드=검=공기, 바람=이성, 판단, 선택…' 찌끄러기의 보석 같은 이야기
　 '1-10'까지 이야기를 만들어 보자.

　　→ 공기는 바람에 따라 움직인다.

　　　바람은 비바람을 몰고 오기도 하고,

　　　맑은 하늘에 뭉게구름이 함께 오기도 한다,

칼바람이 불면, 움츠러들기도 하고,

그러나, 바람은 어느새 금방 사라진다.

'생각, 이성'이라는 것이 완벽하다고,

실제적인 상황이 완벽해지는 것은 아니다.

내 복잡한 생각들이, 죽어야만 새로운 생각들이

선물로 다가온다. 첫 생각을 잊지 말자.

  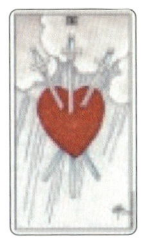  

'소드Ⅰ'=구름이 새로운 생각을 선물로 주고 있다.

　　그 생각은 감추어져 있기에,

　　본인만 아는 꿈.

　　'ACE' 카드 중 유일하게 이미,

　　왕관을 쓰고 있다.

　　너무 자신감이 충만하다.

　　조심하기를….

'소드Ⅱ'=벌써 갈등이 시작되었다.

　　　　처음 생각한 것들이

　　　　생각처럼 되지 않는 듯….

'소드Ⅲ'=결국, 생각에 상처를 크게 받았다.

　　　　스트레스 짱!

'소드Ⅳ'=곰곰이 생각에 잠긴다. 쉼이 필요하다.

　　　　상처를 가지런히 정리한 후,

　　　　새로운 생각을 해 본다.

'소드Ⅴ'=뒤끝이 있나 보다.

　　　　상처받은 것(검 3개)을 돌려주고,

　　　　본인의 생각(검 1개+검 1개)을 더하여,

　　　　다른 이들도 상처를 받았다.

　　　　칼바람이 분다.

'소드Ⅵ'=지나간 일들의 생각들이

　　　　잘 정리되어(검 4개)

　　　　새로운 생각과 꿈을 향해(검 2개),

　　　　나아간다.

'소드Ⅶ'=그러나, 새로운 꿈(검 2개)은

　　　　그대로 뒤에 두고,

　　　　그전의 생각(검 4개+검 1개)을 가지고,

　　　　나아가려 한다.

　　　　후회할 텐데….

'소드Ⅷ'=그 전에 생각(검 5개),

　　　　　새로운 꿈(검 2개+검 1개)의

　　　　　생각을 스스로 멈추고,

　　　　　정리 중…(성 밖에서).

'소드Ⅸ'=성 안으로 들어와

　　　　　많은 생각을 정리한 뒤,

　　　　　침대에 누워 잠시 잠든 걸까?

　　　　　깊은 잠을 잘 수는 없었나 보다.

　　　　　역시 생각을 끊임없이 하고 있는 듯….

'소드Ⅹ'=결론은 하나뿐.

　　　　　내 생각들을 완전히

　　　　　내려놓는 것.

'소드 ACE'의 왕관을 기억하는가?

생각은 지혜롭게 할 수도 있고,

교만하게 만들 수도 있다.

언제나, 내 기준만을 생각하지 않기를….

④ '펜타클=☆=땅=현실, 물질, 능력, 열매…' 찌끄러기의 보석 같은 이야기

　'1-10'까지 이야기를 만들어 보자.

　　→ '☆'은 현실적 안정과

　　　　실질적인 물질, 문제 해결 능력 등,

　　　　현재 진행형을 말해 준다.

　　　　열매를 얻기 위해서는,

　　　　많은 인내와 성실, 책임 등

긴 시간과 노력을 요한다.

인생은 내가 심은 대로 거두게 되어 있다.

이것은 삶의 진리이다.

지금, 열매로 알 수 있다.

누구를 탓하겠는가? 다시 시작할 수 있다.

"나는 할 수 있다."

  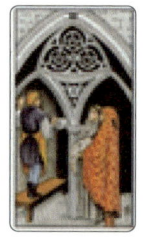  

'☆Ⅰ'=구름이 새로운 기회를 선물로 주었다.

'☆Ⅱ'=현실은 파도가 심하게 치지만,

　　　괜찮다.

　　　나는 안정적으로

　　　문제를 잘 해결할 수 있다.

　　　이것도 좋고, 저것도 좋다. 행복하다.

'☆Ⅲ'=내가 가진 것을,

　　　좀 더 보람 있는 일에 사용해야겠다.

'☆Ⅳ'=내 모든 머리, 마음, 행동함에

　　　있어서 안정적이다.

'☆Ⅴ'=너무 자만했던가.

　　　물질은 있다가도 없는 것을.

　　　물질에 얽매이지 말자.

　　　내 옆에 누가 있나 한 번쯤 살펴보자.

'☆Ⅵ'=내가 할 수 있는 것에 집중하자.

　　　내게 있는 것으로

　　　내 주위에 도와줄 수 있는

　　　사람이 있을 것이다.

　　　(꼭 물질이 아니어도 좋다.)

'☆Ⅶ'=이상한 일이다.

　　　주면 없어져야 하는데,

　　　열매가 계속 생긴다.

　　　다시 한번 시작해 보자. 행복한 고민.

'☆Ⅷ'=인생은 참 아름답다.

　　　평범한 삶을 살았는데,

　　　어느덧 경력도 생기도,

　　　전문성도 생기고,

　　　무언가 집중하며 일하는 모습은

　　　언제나 멋지고 아름답더라.

'☆Ⅸ'=열심히 인생을 살았다면,

　　　이젠 영혼육의 여유로움으로

'☆Ⅹ'=가족이 함께하는 것만큼 행복한 것이 있을까?!

'찌끄러기' 같은 인생이라
말하지 말라.
이 세상에 오직 하나뿐인
소중한 '나'이기에….

- 찌끄러기 이야기는 우리들의 이야기이며, 나의 이야기이다.

- 큰 소리로 말해 보라.
"나는 할 수 있다! 사랑한다. 찌끄러기, 아니 보석 같은 ○○○!"

나도 몰랐던 나를 아는 시간 여행

1판 1쇄 발행 2025년 12월 5일

저자 마리아

교정 주현강　**편집** 김다인　**마케팅·지원** 이창민

펴낸곳 (주)하움출판사　**펴낸이** 문현광

이메일 haum1000@naver.com　**홈페이지** haum.kr
블로그 blog.naver.com/haum1000　**인스타그램** @haum1007

ISBN 979-11-7374-245-3 (03180)

좋은 책을 만들겠습니다.
하움출판사는 독자 여러분의 의견에 항상 귀 기울이고 있습니다.
파본은 구입처에서 교환해 드립니다.

이 책은 저작권법에 따라 보호받는 저작물이므로 무단전재와 무단복제를 금지하며,
이 책 내용의 전부 또는 일부를 이용하려면 반드시 저작권자의 서면동의를 받아야 합니다.